「戦記」で読み解くあの戦争の真実

日本人が忘れてはいけない太平洋戦争の記録

【大活字版】

【監修】戸高一成

はじめに
監修のことば——知っておきたい戦争の記録

２０１５年は太平洋戦争が終わって70年になる。現在、国民の多くは、戦争を知らない世代ということになる。

生まれた時から平和な世の中で育ち、戦争は、他人事としてテレビの海外ニュースで見るものであり、学校では、戦争については教えられることもなく大人になっている。

無論戦争はあってはならないことであり、日本は、太平洋戦争の深い反省から、戦争を回避してきた。国民の、70年にわたる平和な生活は、間違いなく、多くの国民が体験した悲惨な体験から生まれたものといえる。もう2度と戦争は嫌だ、という言葉は、悲惨な戦争を体験した世代の心からの思いなのである。

ところが、戦後70年という長大な時間は、避けがたく戦争体験を語れる証言者がいなくなるという現実を齎《もたら》している。ここに、戦後70年を迎えた日本の、戦争体験の継承に大きな問題が生じている。戦争を体験した父や祖父母、あるいは、悲惨な戦争体験を、語り部《べ》として語り継ぐことの出来る人がいなくなった時、戦争は、戦後世代の人間にとって肌感覚を失ってゆくことになる。歴史の必然として、遠からず実感としての戦争体験の断絶は避けられない。このような時代を迎えた時、戦争体験はどのように伝えられるのか、私たちは真剣に考えなくてはならないだろう。

このような状況の中、改めて評価されなくてはいけない戦争の記録、記憶として、いわゆる「戦記」を見直す時が来たのではないだろうか。戦記とは、基本的に戦争、戦闘の実体験記であり、時としてかけがえのない稀有な歴史的証言の記録となっている。これに、研究者により纏《まと》められた戦争の記録が加えられる。

しかし、戦後の平和意識の中にあって、長い間兵士の戦争体験を学ぶこと、また戦争の研究を行うことは好戦的なことであると誤解されたためか、吉田満《みつる》の『戦艦大和ノ最期』のように、発表当初から高く評価された作品もあったが、戦後長い間、戦記は資料的にも文学的にもあまり重視されることはなかった。それにもかかわらず、戦記は昭和30年、40年と、10年ほどのサイクルで、何度か一種のブームといってよいほどの点数が発行されてきた。これはやはり、日本人の心の中に、戦争体験に対する抑え切れない思いが、体験者にも、読者にも潜在的にあったと見るべきなのであろう。

この戦記も、サンフランシスコ講和条約批准までは、華やかな戦いの記録について自粛が求められ、抑留記や、捕虜体験記などが目に付いたが、講和直後から爆発的に出版されるようになった。当時は、まだ戦後10年ほどしか経過していなかったために、極めて生々しい記憶の中で書かれていた。

ただ、客観的な戦史資料などが十分には公開されていなかった時期であったために、事実関係においては誤りも少なくなかったが、戦争に対する感情的な記録としては貴重なものも少なくなかった。無論数多く発行された戦記は、実際には甚《はなは》だしく玉石混交であり、どれもが後世に伝えるべき内容を持っているとはいい難い。戦記は、普通のドキュメンタリー作品以上に、読み手にとって玉石を見分ける力が必要な分野なのである。

このような時、専門家の目を通して精選された戦記を知り、学ぶことは、意義あることと思われる。私たちは、二度と戦争を経験しないためにも、より戦争の実態を知らなければならず、また、かつての日本は、どのようにして戦争に向かってしまったのかを知ることが、次の日本の危機を回避するための重要な知識となるのではないだろうか。

今回選ばれた40作品の戦記は、無数に存在する記録の、ほんの一部にすぎないが、主として現在入手可能な作品の中から迷わず一読を薦めることの出来る作品が選択されている。

まず、「日本人なら読んでおくべき9冊」として、吉田満の『戦艦大和ノ最期』他が選ばれている。『戦艦大和ノ最期』は、吉田が戦後間もない時期に、一気に書き上げたとされる初稿を、長い時間をかけて推敲を重ねた作品であり、私としてもぜひ一読を薦めたい。全編漢字カタカナ交じりの文体は、現在の読者にとって、決して読みやすいものではない。しかし、読み進むうちに、吉田が、この文体でしか書き得なかったことが理解できる。私にとって、吉田自身は寡黙な人といった印象が強い。かつて、私の短い質問に、「私はお役に立てなかったから」と、戦争体験に関しては多くを語らなかった姿が記憶にある。

次いで、「総合・戦争検証」として選ばれたものは、昭和と戦争の全体像を求めたもので、ここは研究者、ジャーナリストの著作が主となっている。『「昭和天皇実録」の謎を解く』

は、2014年にようやく完成し公開された『昭和天皇実録』を中心として、4人の研究者が検証している。この実録は、極めて無味乾燥とさえ言える、編年体の事務的な文体であるが、昭和という時代が、天皇の存在と不可分であったことを改めて思い起こさせる内容を持っている。これも読み通すのは易しくないが、本書ではベテランの歴史の読み手がそろって、勘所を紹介している。

次いで、「海軍」として、『真珠湾攻撃総隊長の回想』(淵田美津雄) 他が選ばれている。これは文字通り淵田自身の回想記録であり、没後に発見された遺稿である。真珠湾攻撃の総隊長として日米開戦の火蓋を切り、連合艦隊航空参謀として敗戦を迎えた、貴重な記録である。しかし、内容には当人の思い違いなどがあり、先に記したように、内容を確認しながら読む必要があるが、極めて貴重な記録である。

次は、「零戦・パイロット」「特攻」と続く。太平洋戦争は、開戦前の海軍の予想とは裏腹に、戦艦を中心とした砲撃部隊同士の海上戦闘は遂になく、ほとんどは航空機が戦いの主となっていた。一番に掲げられている『大空のサムライ』(坂井三郎) は、戦後最も早い時期に出版された零戦空戦記であったこと、また、坂井が日中戦争以来のベテランパイロットであったことから、世界的なベストセラーとなったことで有名である。一人の青年が太平洋戦争の全期間を零戦で戦い抜いた記録には感動を覚えるが、発表当初の文体が、数十年のうちに新しい版になってゆくと、文章が綺麗に整理されてゆき、当初の生々しさがやや薄くなってしまったのは、個人的には残念な気もする。

特攻では『桜花』(内藤初穂)が、多くの桜花隊の生存者からの証言を集めて、重厚な内容の作品となっている。私は以前、桜花搭乗員であった隊員に、志願したのですか、と率直な質問をしたところ、「私にはそんなのはないよ、お前はこれに乗る、と言われたのが桜花だよ」と聞かされた。しかし、「でもね、練習機で突っ込む連中のことを考えたら、俺は幸せだなあと思ったよ」と聞かされたときの気持ちを忘れることができない。

次いで「満州・朝鮮半島・ソ連」「沖縄戦」とテーマが選ばれ、最後に「捕虜・その他」が設けられている。現実には、太平洋戦争の主戦場は太平洋であり、その戦いの多くは海戦と、島嶼《とうしょ》を巡る戦いであった。しかし、戦争の悲惨な側面は、このテーマに際立っている。昭和20年8月、突然満州に侵攻してきたソ連軍に、関東軍はもろくも壊滅し、邦人の悲惨な戦後が始まる。兵士にはシベリア抑留が、民間人にとっては、長い帰国への旅が待っていたのである。

また、沖縄での住民を巻き込んだ戦いにおいて、少年少女は、兵士ではない戦士として戦わせる状況に追い込まれたのである。さらに特攻作戦のほとんどが沖縄防衛のためであったことも忘れることは出来ない。

最後の「捕虜・その他」には、『真珠湾収容所の捕虜たち』（オーテス・ケーリ）が選択されていて興味深い。ケーリは、語学将校として日本人捕虜の尋問から、日本人の心情を分析し、いくつもの優れた日本人論といってもよい著作を残している。

こうして、いわゆる戦記を通観したとき、日本人と戦争の関わり方が浮かびあがるのを感じることができる。この中には、実体験者の記録から、研究者の著作へと繋がる、戦記の流れを見ることができる。今、実体験者の戦記が新しく書かれることはほとんどないといってよい。戦後70年という時間を平和に過ごした私たちは、この平和な生活を無限に続けるために、戦争が、なぜあってはならないことなのかを、改めて知るためにも、戦記を読み継いでいかなければならないのではないだろうか。

戸髙一成

目次

第7章 満州・朝鮮半島・ソ連

第1章

日本人なら読んでおくべき9冊

日本人なら読んでおくべき9冊 ①

戦艦大和ノ最期

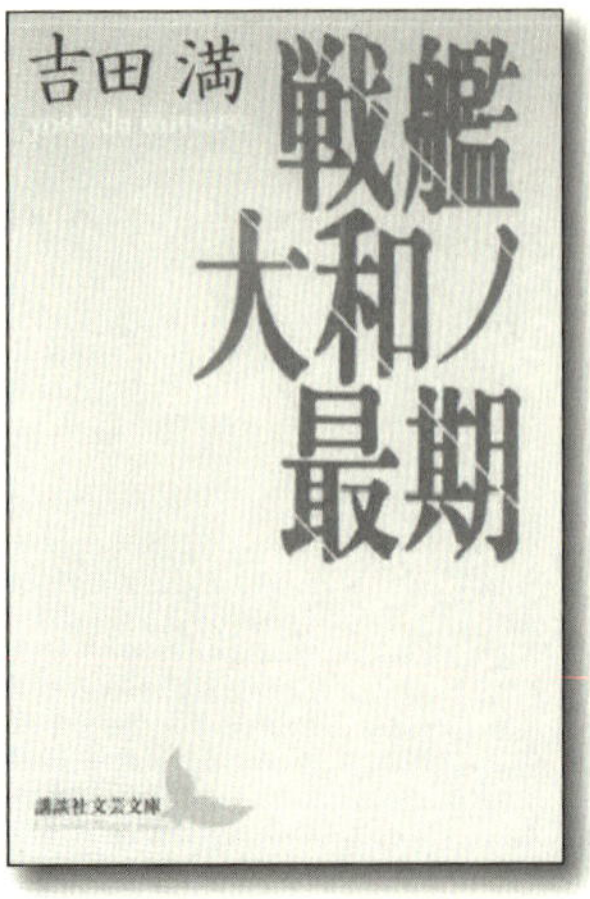

吉田 満（著）
講談社文芸文庫

「世界最大の不沈艦」とうたわれた戦艦「大和」の沈没を、乗組員の視点からリアルに描いた戦記。生きて帰る見込みがない海上特攻という作戦に際し、乗組員たちはどう立ち向かったのか？「我が国戦争文学の最高峰」と評された珠玉の一作。

硬質な文語体で戦闘を描写する

『戦艦大和ノ最期』は、戦艦大和の乗組員だった吉田満によって書かれた戦記である。戦艦大和の天一号作戦（坊ノ岬沖海戦）における出撃から沈没までを、著者の目を通してリアルに書いており、「昭和の平家物語」「我が国戦争文学の最高峰」といった高い評価を得た作品である。

本作品は、硬質なカタカナ文語体でつづられているが、その理由について吉田は初版あとがきで次のように述べている。

「全篇が文語体を以て書かれていることについて、私に特に嗜好があるわけではない。初めから意図したものでもない。第一行を書き下した時、おのずからすでにそれは文語体であった。

何故そうであるのか。しいていえば、第一は、死生の体験と重みと余情とが、日常語に乗り難いことであろう。第二は、戦争を、その只中に入って描こうとする場合、

〝戦い〟というもののリズムが、この文体の格調を要求するということであろう」

文体だけを見れば、決して読みやすいとはいえない。だが読み続けることで、自然と戦闘の迫力に引き込まれていく。例えば、坊ノ岬沖でいよいよ戦いが始まるという状況を、筆者はこのように描写している。

今ゾ招死ノ血戦、火蓋ヲ切ル
ワレハ初陣　肩ノ肉盛リアガリ腿踊リ出ダサントスルヲ抑エツツ、膝ニカカル重量ヲハカル
コノ身興奮ニタギリツツミズカラノ昂リヲ眺メ、奥歯ヲ噛ミ鳴ラシツツ微カニ笑ミヲタタウ

初めて迎える本格的な戦闘を前に、その身を昂《たか》ぶらせている様子が刻々と描かれている。文語体の独特の硬質なリズムが、兵たちの戦い、死、鎮魂をリアルに浮き立たせているのだ。そういった意味では、文語体での描写はある意味自然な流れだったともいえる。

『戦艦大和ノ最期』誕生までの苦難

本作品を執筆した吉田満は大正12年（1923）1月6日、東京都に生まれた。東京帝国大学法学部に在学中、学徒出陣により海軍に入り、海軍電測学校を経て少尉（予備少尉）に任官した。

昭和19年（1944）12月、副電測士として「大和」に乗艦し、翌昭和20年（1945）4月、天一号作戦に加わり、「大和」の沈没を見届けた。その後は高知県須崎の回天基地で終戦を迎え、戦後は日本銀行に入行した。日本銀行ではニューヨーク駐在や青森支店長、国庫局長、監事などを歴任し、また作家として『散華の世代』『提督伊藤整一の生涯』『祖国と敵国の間』といった作品を残している。

数ある作品の中で、代表作といえるのが『戦艦大和ノ最期』だが、この作品の初稿はほぼ1日で書かれたという。

終戦後、吉田は両親が疎開していた東京都西多摩郡に移り、そこで作家の吉川英治の知己を得て、本作品を執筆した。本来なら雑誌『創元』の1946年12月号に掲載されるはずだったが、ＧＨＱ（連合国軍最高司令部総司令部）の検閲で掲載中止に追い込まれ、しばらく日の目を見ない状態が続いた。

それから3年後の昭和24年（１９４９）、ようやく出版の機会を得るのだが、それは吉田にとって大変不本意なものであった。ＧＨＱの検閲で初稿が改稿され、文語体でなく口語体で銀座出版社から刊行されたのだ。だが3年後の昭和27年（１９５２）、本来の形で創元社から発売された。

その後、さらに改稿が行われ、昭和49年（１９７４）に北洋社から決定版が刊行された。本作品は「戦争文学の最高峰」と高く評される一方で、「敵愾心」や「軍人魂」、「日本人の矜持」といった表現が含まれていたことから、「戦争肯定の文学である」という批判を受けた。これに対し、吉田は昭和27年版の初稿あとがきで次のように述べている。

「敗戦によって覚醒した筈の我々は、十分自己批判をしなければならないが、それ程忽ちに我々は賢くなったであろうか。我々が戦ったということはどういうことだったのか、我々が敗れたというのはどういうことだったのかを、真実の深さまで悟り得ているのか」

吉田は、戦争がもたらした生々しい体験をそのまま描写することで、戦争とはどういうものだったのかを後世に伝えようとしたのである。

生きては帰れない海上特攻への船出

『戦艦大和ノ最期』は、昭和20年（1945）、世界最大の不沈戦艦と謳われた「大和」が、呉《くれ》軍港を出港するところから始まる。吉田は海軍少尉、副電測士として「大和」に乗り込んだ。

「大和」の建造は昭和12年（1937）から始まったが、イギリスやアメリカに情報が漏れるのを防ぐため、秘密裏に進められた。真珠湾攻撃直後の昭和16年（1941）12月16日に就役し、連合艦隊の旗艦となったが、軍令部はいずれ来るであろう艦隊決戦に備え、「大和」を温存し続けた。その間、トラック島の泊地に留まり続けたが、陸軍や他艦よりも居住や食事の面で優遇されていたことから、「大和ホテル」と揶揄された。

その後、戦局は悪化の一途をたどり、レイテ沖海戦では姉妹艦である「武蔵」を失った。不沈艦として信じられてきた「武蔵」の沈没は「大和」の乗組員にも衝撃を与え、「いずれは『大和』も同じ運命をたどるのではないか」という思いにかられるようになったという。

レイテ沖海戦により連合艦隊は事実上壊滅し、そして昭和20年（1945）4月、「大和」に海上特攻の命が下された。司令長官の伊藤整一はなかなか承諾しなかったが、連合艦隊参謀長の草鹿龍之介は「一億総特攻の魁《さきがけ》となって頂きたい」と説得し、「大和」の海上特攻が決まった。

悲壮なる決意とともに出港した「大和」と護衛艦艇は、アメリカ軍の攻撃にさらされている沖縄を目指して九州近海を進む。敵地に近づくとともに乗組員たちの緊張も高まっていくが、一方で吉田は「大和」の海上特攻作戦を「勇敢トイウカ、無謀トイウカ」と述べている。

決戦前夜、吉田の面前に家族の姿が浮かび、「有難ウゴザイマシタ」と感謝の言葉を告げるとともに、死出の旅路に立つことを報告している。このときすでに、「大和」の乗組員は自分たちに「死」が間近に迫っていることを確信していたのである。

不沈艦「大和」、坊ノ岬沖に沈む

そして4月7日12時34分、「大和」はアメリカ海軍艦上機に向けて射撃を開始する。不沈艦「大和」の最期の戦いの火ぶたが切って落とされた。米軍は「大和」に攻撃目標を定め、戦闘機、爆撃機、雷撃機が同時多発的に攻撃を仕掛ける。後部副砲指揮官の臼淵《うすぶち》大尉は直撃弾を受け、「一片ノ肉、一片ノ血を残サズ」に散った。

13時、米軍の第二波攻撃が始まり、１００機以上の攻撃隊が激しい波状攻撃を仕掛ける。優れた注排水システムが船体の傾斜を食い止めていたが、たび重なる攻撃でそれも限界に達しようとしていた。電源の断絶で電動兵器は無用の長物となり、そうこうするうちに米軍の第三波が来襲する。百数十機が間断なく襲いかかり、魚雷が命中して浸水が拡大していった。

その後も攻撃は第六波、第七波、第八波と断続的に続き、「大和」の傾斜は20度、35度、50度と増していく。「神秘ヲ孕ム、フサワシキ巨艦ノ最期」は目の前に近づいていた。副長から艦長に「傾斜復旧ノ見込ナシ」と報告されると、総員上降甲板（総員退去用意）が発令される。司令長官の伊藤整一は長官室にて戦死し、沈没の過程で多くの兵が亡くなった。

そして14時23分、大和は横転したあと大爆発を起こし、艦体は2つに割れて沈没した。海に放り出された乗組員は死と隣り合わせの状況下で漂流し、２７６名もしくは２６９

名が救助された。吉田も重油にまみれながら助け出され、治療を受けたあと、佐世保に帰還した。

こうして「大和」の海上特攻は幕を閉じ、伊藤長官以下2740名が戦死した。これにより連合艦隊は洋上作戦能力を失い、終戦まで水上艦隊が出撃することはなかった。

日本人なら読んでおくべき9冊②

戦艦武蔵

「大和」とともに、日本海軍の夢と希望が詰まった戦艦「武蔵」。極秘で行われた建造から、レイテ沖に沈むまでの姿を克明につづった戦記文学。非論理的な〝愚行〟に邁進した〝人間〟の内部にひそむ奇怪さとともに描く。

吉村 昭（著）
新潮文庫

戦艦「武蔵」の建造から終焉までをつづる

平成27年（2015）3月2日、マイクロソフトの共同創業者であるポール・アレンが、シブヤン海水深1000メートルの海底で、この地に沈んだ戦艦「武蔵」の船体を発見した。昭和19年（1944）10月24日、レイテ沖海戦で敗れて沈没したが、約70年の歳月を経て、再びその姿を現したのである。

「武蔵」が沈没した瞬間を見た者は誰もおらず、しかも全長263メートルの船体がなかなか発見されなかったことから、「わずかな浮力を維持したまま、海中をさまよい続けている」という都市伝説まで生まれた。そのため、「武蔵」の船体が見つかったのは、〝歴史的大発見〟でもあった。

海底からはほとんど失われた艦首の菊の紋章や巨大な碇《いかり》のほか、ロープや鎖を通す係船要具、磁気機雷を回避するための舷外消磁電路なども見つかった。一方で、激戦の最中で無数の爆弾や魚雷を受けたこともあり、頑丈に造られたはずの船体が激しく傷ついていた。

沈没した船体の発見でにわかに注目が高まっている「武蔵」だが、同じ大和型戦艦の

「大和」に比べると印象が地味な感じがする。それは「武蔵」が本格的な戦闘を行わないままレイテ沖海戦に突入し、沈没してしまったからなのかもしれない。

本作品は戦艦「武蔵」の建造から終焉までを克明につづった戦記文学だが、その8割近くは長崎造船所での建造に割かれている。技術者たちが血のにじむような苦労を重ねて建造にこぎつけたが、人命と物資をいたずらに浪費するだけの戦争に巻き込まれ、沈没するまでの過程を、感情的な表現を極力抑えて述べている。その描写が、沈没に向けての悲哀をより際立たせている。

戦艦「大和」の沈没をつづった『戦艦大和ノ最期』では、軍人の内面的な決意にまで踏み込んでいるが、これは筆者の吉田満が実際に「大和」に乗艦し、軍人として海上特攻に臨んだという経緯があるからだ。

一方、同じ沈没の一部始終を書いた『戦艦武蔵』には、そのような描写は見られない。これについては、巻末解説で「戦争そのものを人間の奇怪な営みと、その果てにあらわれる徒労感として、客観的かつ即物的にとらえる道を、吉村昭氏が選んでいるからである」と述べている。

徹底した史実調査で完成した戦記文学

筆者の吉村昭は昭和41年（1966）に『星への旅』で太宰治賞を受賞し、昭和48年（1973）に菊池寛賞を受賞するなど、作家としていくつもの賞を受賞している。『戦艦武蔵』は昭和41年（1966）に発表された作品で、以後、近代日本戦史を題材とした戦記を多数生み出している。

記録文学の執筆に際し、吉村は徹底した史実調査を行っている。地元の郷土史家や関係者、子孫にまで徹底して聴き込む。そのため、作品にリアリティがあり、読むごとにグイグイと引き込まれていくのだ。1980年代以降は近代以前に執筆対象の時代がシフトしていったが、その理由について吉村は「多くの証言者の高齢化による死」と述べている。それほど、リアリティにこだわっていたのだ。

こうして後期は近代以前の作品が増えていったのだが、ここでも吉村は、リアリティへのこだわりを見せている。例えば、ある場所の天気を特定するため、わざわざ旅商人の日記から調べたことがあった。こうした吉村の妥協なき取材姿勢を、文芸評論家の磯田光一は「彼ほど史実にこだわる作家は今後現れないだろう」と評している。

『戦艦武蔵』の物語は、日中戦争が始まった昭和12年（1937）からスタートする。ワシントン海軍軍縮条約の締結で、日本を含む列強各国は軍艦の建造を自粛していたが、昭和9年（1934）、日本は同条約を破棄する。そして新たな軍艦の建造に取り組んだが、その過程で極秘裏に進められたのが、世界を圧倒する巨大新型艦の建造である。

新型艦は「第一号艦（後の大和）」「第二号艦（後の武蔵）」と仮称され、第二号艦は三菱重工業長崎造船所で建造が始まった。機密管理は厳重で、外部に対しては漁具に用いるための棕櫚《しゅろ》を買い占め、目隠しとして船台に張り巡らせていた。また完成するまで他国の関係者に見られるわけにはいかないため、特高係の刑事を長崎市内に送り込み、怪しい外国人（おもに中国人）はスパイ容疑で検挙したという。

昭和13年（1938）に入ると第二号艦の建造作業が本格化し、3月29日には起工式が催される。国家的なプロジェクトだったため、本来であれば多くの参列者を迎えて盛大に行うところだが、極秘で進められていたこともあり、きわめて質素に執り行われた。

こうして建造作業は順調に進められていったが、7月下旬、思いもかけない事件が発生する。設計場兼図庫から設計図が1枚なくなったのだ。外国の諜報機関に流出すれば、巨大軍艦の極秘の建造計画は水泡に帰してしまう。設計関係者は顔色を失い、夜を徹しての捜索作業が行われた。もし発見されなかったときは、首席監督官以下助手にいたるまで、全員自決の覚悟を固めていた。

そして、8人の関係者（技師6人、製図工2人）を拘束して執拗に尋問するが、図面紛失の問題は一向に解決しない。だが事件発生から1カ月ほど経ったとき、19歳の製図工が図面を焼き捨てたことを告白する。外部と遮断された作業場の環境に耐えきれなくなり、このような事件を起こしてしまったのだ。その後、少年は懲役2年執行猶予3年の刑を受けたが、長崎にはいられなくなり、満州に送られたという。

このように、図面1枚が紛失しただけでも一大事になったのが「武蔵」の建造現場であった。

レイテ沖海戦でシブヤン海に沈んだ「武蔵」

その後も工事は着々と進んでいったが、日本と米英列強を取り巻く環境は、日に日に悪化の一途をたどっていく。昭和16年（1941）12月には太平洋戦争が勃発し、その関係で、「武蔵」の完成も翌年12月から6月に繰り上げるよう要求される。だが所員たちは「この巨大な新型戦艦が海上に浮かべば、日本の国土は、おそらく十二分に守護されるだろう」と思い、超人的な努力で完成にこぎつけた。

こうして「武蔵」は連合艦隊の旗艦として戦列に加わったが、戦いの最前線には立たなかった。そのくせ艦内は冷房が効いて快適だったことから、小艦艇の乗組員から「武蔵は御殿だ」と揶揄されていた。

昭和19年（1944）3月、「武蔵」は旗艦の任を解かれて日本へ帰国し、修理・改造して「大和」とともにマリアナ沖海戦に加わる。この海戦では「大鳳」「翔鶴《しょうかく》」「飛鷹《ひよう》」といった主力空母3隻が失われたが、「大和」と「武蔵」は被害を受けなかった。だが戦局は悪化の一途をたどっており、建造以来「不沈艦」と謳われていた「武蔵」の乗組員にも、不安の色が見え隠れするようになった。

そして10月、アメリカ軍のフィリピン上陸を阻止するため、連合艦隊は一大決戦を仕掛ける（レイテ沖海戦）。「武蔵」艦内では出撃の宴が催されたが、航空隊の支援もない突入作戦だったため、全員死を覚悟しての酒宴であった。

10月24日、「武蔵」の周囲に敵機が飛来し、6度の攻撃を受けて航海長や高射長などが戦死した。多数の肉体を飛散させ、首や手足が至る所に転がっていたという。そして総員退艦命令が出てからまもなく、「武蔵」は転覆・爆発して艦首から沈没した。

「武蔵」の沈没にともない1023名が戦死し、1376名が生き残った。だが生存者が歩んだ道のりも、決して明るいものではなかった。「武蔵」生存者を乗せた輸送船が沈没して300名が戦死するなど、約1000名は日本に戻れなかった。

日本人なら読んでおくべき9冊③

水木しげるのラバウル戦記

漫画家・水木しげるが一兵卒として送り込まれた太平洋戦争の激戦地・ラバウルでの日々を、人間味あふれる文章でつづる。上官に殴られ、敵の奇襲に遭って片腕を失い、現地の人々と交流した姿を、イラストを交えて紹介している。

水木しげる（著）
ちくま文庫

水木しげるが一兵卒として過ごした日々

『水木しげるのラバウル戦記』は、『ゲゲゲの鬼太郎』など妖怪漫画の第一人者である水木しげるが、一兵卒として送り込まれた太平洋戦争の激戦地ラバウル（ニューブリテン島）で過ごした日々を、イラストを交えて振り返った戦記である。絵を交えた戦記物はそれほど多くはないので、ある意味では貴重な作品ともいえる。

本作品のイラストは、３つの部分に分かれている。最初の部分の絵は昭和24年（１９４９）から昭和26年（１９５１）にかけて、発表するあてもないまま描いたものである。ただし、途中で経済的な事情で働かざるを得なくなり、〝戦記〟を中断している。そこで続きの部分は、昭和60年（１９８５）に刊行した『娘に語るお父さんの戦記・絵本版』（河出書房新社）のために描いた絵を収録している。そして後半部のイラストは、終戦時にトーマという地で描いたものだ。

本作品以外にも、水木は戦争を主題とする作品を描いている。例えば、漫画では昭和48年（１９７３）に書き下ろし作品として発表された、『総員玉砕せよ！聖ジョージ岬・哀歌』がある。南太平洋に浮かぶニューブリテン島のバイエン支隊が、敵軍に斬り込んで玉砕するまでを描いている。水木はあとがきに「90パーセントは事実」と書いており、いくつか事実との相違はあるが、きちんとした自伝的戦記漫画である。この作品は平成19年（2007）、『鬼太郎が見た玉砕〜水木しげるの戦争〜』のタイトルでテレビドラマ化されている。

また貸本漫画家時代には、戦記ものを集めた雑誌を主宰していたが、売り上げはさほど伸びなかった。戦時中にエース・パイロットとして活躍した坂井三郎から「戦記文学は勝利したものでないと売れない」というアドバイスを受けたが、水木には勝ち戦の経験がほとんどなく、そういった話を描くのはとても難しかった。結局、程なくして雑誌は潰れてしまったという。

理不尽な鉄拳制裁と敵の爆撃に見舞われる

水木しげるは大正11年（1922）3月8日、大阪府西成郡粉浜村（現在の大阪市住吉区東粉浜）に生まれた。「水木しげる」は漫画家としての筆名で、本名は武良《むら》茂という。幼少期は鳥取県の境港で過ごし、高等小学校卒業後は、大阪で働きながら画家を目指していた。だがその最中に、太平洋戦争が勃発する。20歳になった水木は徴兵検査を受け、近眼だったが身体が頑丈だったため、乙種合格となった。そして21歳のときに召集令状が届き、鳥取の歩兵第40連隊留守隊に入営した。

水木は喇叭手《ラッパシュ》になったもののラッパが上手く吹けず、上官に配置換えを申し出た。上官から「北がいいか、南がいいか」と聞かれた水木は、寒いのが苦手だったこともあり、「南がいいです」と答えたが、それによりラバウル行きが決定する。水木は老朽船の「信濃丸」に乗って南方に向かい、ここから『ラバウル戦記』の物語が幕を明ける。

戦時下の南方戦線では兵たちが悲惨な生活を強いられており、水木も例外ではなかった。だが『ラバウル戦記』ではユーモアあふれる文章で、軍隊での生活をつづっている。これは、水木が元来楽天的な性格の持ち主だったからだ。後年、水木は戦場で左腕を失っているが、これについても「私は片腕がなくても他人の3倍は仕事をしてきた。もし両腕があれば、他人の6倍は働けただろう」と語っている。

水木はマイペースな性格の持ち主だったが、それゆえに上官から幾度も鉄拳制裁を食らっている。パラオに到着してボンヤリしていると、「その兵隊なにやってるんだ!!」とビンタをされた。また上官や古兵に茨城県出身者が多く、訛りが聞き取れずに殴られることもあった。あまりに殴られ続けたことから「ビンタの王様」というあだ名までついたが、それでも水木は、次の日になるとケロッとしていたという。

軍隊の上下関係はとても厳しく、陣地構築の作業に加えてさまざまな雑用を押しつけられた。その最たるものが、食事を運ぶ「めし上げ」である。めし桶を充分洗っていないと炊事用のしゃもじで殴られ、ときにはみそ汁を入れるひしゃくで殴られたこともあった。

こうした理不尽な上下関係について、水木は次のように述べている。

「ぼくに忍耐ということを教えてくれたものがあるとすれば、この古兵たちだろう。どんな理不尽なことをされても、だまっていなければいけないのだ」

古兵たちの鉄拳制裁は毎日続いたため、初年兵たちは「敵の方がアッサリしていい感じだ」と話し合ったという。そして水木にとって悲劇だったのは、日本内地から兵が送られてこなかったことである。そのため、いつまで経っても階級が一番下で、雑用を押しつけられ続けた。

そんなある日、水木がいた部隊が機銃掃射による攻撃を受ける。さらに原住民ゲリラに襲われたが、水木は海に飛び込んで難を逃れた。その後はふんどし姿でジャングルを数日間さまよい、何とか中隊に帰還した。だが上官は「なんで逃げ帰ったんだ。皆が死んだんだから、お前も死ね」といい、水木の軍に対する不信は高まっていった。

その後もマラリアを発症して42度の熱を出すなど、陰惨な状況が続いた。そして療養中に爆撃に遭い、左腕に重傷を負った。軍医によって左腕を切断されたあとは半死半生の状態が続いたが、奇跡的に一命を取り止めた。

終戦後にラバウルでの永住も考える

このように、水木は戦地で過酷な日々を強いられたが、一方で、本作品ではラバウルの原住民との交流も描かれている。いつ終わるともわからない戦争の日々の中で、水木は原住民の集落に赴き、彼らとの仲を深めていった。

そして昭和20年（１９４５）８月25日、鼻の下にヒゲを生やした大佐からポツダム宣言を受諾した旨を伝えられる。水木も兵たちもポツダム宣言が何なのか理解できず、「日本が勝ったのか？」と囁いたが、程なく戦争が終わったことを理解した。

ラバウルを去るとき、原住民たちは「日本に帰ってはいけない。お前、この部族の者になれ」「ここに残るなら、畑も作ってやろう」「家も建ててやろう」と口々に言った。水木も「内地に帰って軍隊みたいに働かされるよりは、ここでのんびり一生を送った方がいいかもしれない」と現地除隊して永住することも考えたが、軍医に「いちど内地に帰ってからでもよいだろう」と説得され、帰国を決意した。

原住民とは「7年後に必ず来る」と誓い合って別れたが、水木が次にラバウルを訪れたのは23年後のことであった。帰国後、水木は国立相模原病院（現在の国立病院機構相模原病院）に入院し、その間に武蔵野美術学校（現在の武蔵野美術大学）を受験した。だが学費を稼ぐためにアルバイトをこなす日々が続き、とてもラバウルに行くどころではなかったのだ。

この時期の水木は人気漫画家として多忙な日々を過ごしていたが、この地で牧歌的な日々を過ごしたことで、自分のマイペースさを取り戻した。そして、その後もラバウルを何度か訪れ、昔のように原住民と交流している。

ちなみに水木は階級が一番低い二等兵だったが、ラバウルでもっとも階級が高かったのが、名将と謳われた今村均《ひとし》陸軍大将である。今村に関する著書も数多く刊行されているので、比較して読んでみてもよいだろう。

日本人なら読んでおくべき9冊 ④

栗林忠道 硫黄島からの手紙

硫黄島の戦いを指揮し、緻密な防御戦術でアメリカ軍を最期まで苦しめた陸軍指揮官・栗林忠道が、家族に向けて書いた手紙41通を完全収録。良き家庭人として、本土との連絡が途絶えるまで、その身を案じた名将の実像を知る。

栗林忠道(著)
文春文庫

非エリートの道を歩んだ栗林忠道

栗林忠道は、平成18年（2006）に公開された映画『硫黄島からの手紙』で、その名が知られるようになった陸軍指揮官である。太平洋戦争末期の硫黄島の戦いで日本軍を指揮し、アメリカ軍を最期まで苦しめた。

栗林に関する著書はいくつもあるが、彼が家族に向けて送った手紙で構成されているのが『栗林忠道 硫黄島からの手紙』である。硫黄島赴任からアメリカ軍の上陸で日本本土との連絡が途絶えるまでの間に、妻の義井、長男の太郎、長女の洋子、次女のたか子に宛てて書いた全書簡をまとめている。

栗林は明治24年（1891）7月7日、信州松代藩士族の栗林鶴治郎の次男として生まれた。県立長野中学を卒業後、陸軍士官学校に入学した。当初はジャーナリストを志していたが、恩師の薦めもあり、軍人への道を歩み始めた。

この当時、エリート陸軍軍人の多くは陸軍幼年学校を経て士官学校に入っており、「幼年学校出身者でなければ主流になれない」という弊習があった。栗林もよほど嫌な思いをしたのか、のちに弟の熊尾が「中学校から士官学校を受験したい」といったときには「もっと勉強して海軍兵学校へ行け」と勧めている。ちなみに熊尾は肺結核で夭折しているが、秀才で剣道の達人でもあった弟の死を、栗林は終生惜しんだという。

栗林は士官学校時代から秀才の誉れ高く、陸軍大学校を卒業したときには、成績優秀により恩賜の軍刀を賜っている。そして大学校を卒業した大正12年（１９２３）12月、同じ長野県出身の義井と結婚した。

前述の経緯もあり、栗林は陸軍のエリートコースを歩んだわけではなかった。さらに栗林はアメリカに留学しているが、陸軍の主流はドイツに行く傾向にあり、これもまた主流から外れる要因のひとつとなった。

英米を知らない軍人が軍中枢を占めたのが戦争の敗因でもあったが、栗林は陸軍内では数少ない知米派で、対米開戦にも批判的だった。軍務局課員、カナダ公使館附武官、騎兵第七連隊長などを経て騎兵第一旅団長に就任し、太平洋戦争開戦時には第二十三軍参謀長として香港攻略にあたった。

「良き家庭人」としての顔も持つ

陸軍軍人としてのキャリアを重ねる一方で、栗林には「良き家庭人」の顔もあった。彼は将来の出世が約束されるであろう上司の娘との縁談を断り、親が薦めた遠縁の栗林義井を妻としている。

またアメリカへ留学した際には、幼い太郎宛てにイラスト入りの手紙を送っている。硫黄島に赴いたあとも、幼いたか子には父親としての面が強く出た内容の手紙を送っている。例えば、昭和19年（1944）9月20日付で、次のような手紙を送っている。栗林は、たか子のことを「たこちゃん」と呼んでいた。

たこちゃん！
9月14日に出したお手紙、9月19日に着きましたがずい分早く着いたのでびっくりしてしまいました。
お父さんは元気ですが、たこちゃんも元気だそうで喜んで居ます。ことに美枝ちゃんや勝ちゃんたちと仲よく暮して居るそうで、大へん安心しています。たこちゃんは末っこでお母ちゃんにも時々甘たれて居たから我がまゝのところがあると思いますが、いつ迄も我がまゝだとだれでも仲よくしてくれないものです。此の事は学校に行ってお友達と遊ぶ時一そう大じです。よくよく気をつけなさいね。

一方で、妻の義井には、家の心配や生活面での注意を事細かに記しており、一家の長としての思いやりや愛情、几帳面さがうかがえる。硫黄島から送った手紙には、硫黄島での暮らしぶり、空襲への注意などがたびたび記されている。例えば、硫黄島に到着してまもない昭和19年（1944）には、次のような文面の手紙を送っている。

私も毎日元気で過ごして居ますが、今居る処は包頭（モンゴル自治区南西部の都市）や広東（現在の広州）とは比べものにならないひどい処です。暑さも広東以上で到着後5日か1週間位で皮膚は黒こげとなり、今迄にもう何遍も皮がむけ替りました。それに嫌やなのは湿気が強く汗はだくだく出るし、服でも何でもシットリ湿っていて不愉快至極です。

水は雨水を溜めて使い、兵たちは天幕露営や穴居生活を強いられ、厳しい生活を送っていた。毎日のように空襲に見舞われていたため、いつ襲われてもいいよう軍服で寝起きしていた。

そして自身の空襲の体験から、家族にも注意を促している。昭和19年（1944）8月31日付の手紙には、次のような文面がある。

こゝ（硫黄島）が若しサイパン同様敵手にはいれば、東京が現在こゝ同様に空襲される事になる事は必然だから、東京も今はもう最前線の直ぐ後方と云う訳ですからほんとにあぶないものです。都民にはまだ之れだけの理解がついていないから余計厄介です。

この時期、日本の最前線基地だったサイパン島が陥落し、東京にも空襲の危機が迫っていた。そのため、年が明けるとしきりに疎開を進めるようになる。昭和20年（1945）1月21日の手紙には、このように記されている。

何時も申す通り、戦争は長引き東京の危険性は増大する許りだから東京在住は先ずあきらめねばならぬし、そこで疎開先きが定住地となる事を考えると身寄り縁辺が近くに居ると云う事が何より必要なんだから、長野とか松代が一番よい訳で、そこへ行く第一段として氷鉋に一寸の期間行く事は自然の様に思われる。

手紙のやり取りは昭和20年（1945）2月3日を最後に途絶えているが、最後まで家族を思いやっていたことがうかがえる。

最期まで果敢に戦った硫黄島の部隊

栗林は昭和19年（1944）5月27日、小笠原方面の防衛を担当する第一〇九師団長となったが、それ以前は留守近衛第二師団長を務めていた。だが師団厨房で起きた失火の責任を取って職を辞し、東部軍司令部附となっていた。

第一〇九師団長に任命された際、栗林はアメリカ軍が必ず硫黄島に来攻すると見越していた。そこで小笠原諸島の中心地である父島には司令部を置かず、自ら環境劣悪な硫黄島で陣頭指揮をとった。自身の責任が重大であることを栗林自身も感じており、6月25日付の書簡では、その決意が次のように述べられている。

若し私の居る島が敵に取られたとしたら日本内地は毎日毎夜の様に空襲されるでしょうから、私達の責任は実に重大です。それで皆決死の覚悟です。私も今度こそは必死です。十中九分九厘迄は生還は期せられないと思います。

だが昭和20年（1945）2月6日、大本営は硫黄島に航空の大部隊を使用しない方針を定めている。これは硫黄島を見捨てたということでもあった。

2月16日、アメリカ軍は戦艦6隻、重巡5隻、護衛空母10隻を主力とする大機動部隊で硫黄島を包囲し、猛烈な爆撃を浴びせる。3日後には一斉攻撃を開始したが、日本軍の思わぬ抵抗に苦しめられる。栗林は来たるべき戦いに備え、長大な坑道と地下陣地を築いていたのだ。さらに大本営が指導してきた水際撃滅戦法ではなく、地下陣地による迎撃というゲリラ的な戦い方で米軍を苦しめたのである。

だが日本軍の兵の数は日に日に減っていき、3月に入ると敗色が濃厚になっていく。3月16日、栗林は玉砕を意味する訣別電報を大本営に対して打電する。翌日、大本営はその功績を讃え、栗林を陸軍大将に昇進させたが、それを栗林に伝える手段はすでに失われていた。

3月26日未明、栗林は残存の兵を率いて最期の突撃を敢行する。栗林自身も白だすきを肩にかけ、軍刀をかざし、自ら先陣を切って華々しく散っていったという。

日本人なら読んでおくべき9冊⑤

きけ わだつみのこえ
日本戦没学生の手記

志半ばで散った戦没学生の手記をまとめた一冊。祖国を愛し、未来を憂いながら死んでいった学徒兵たちが、最期に残したメッセージとは？　昭和24年（1949）に初めて刊行されて以来、読み継がれてきた戦記文学の決定版。

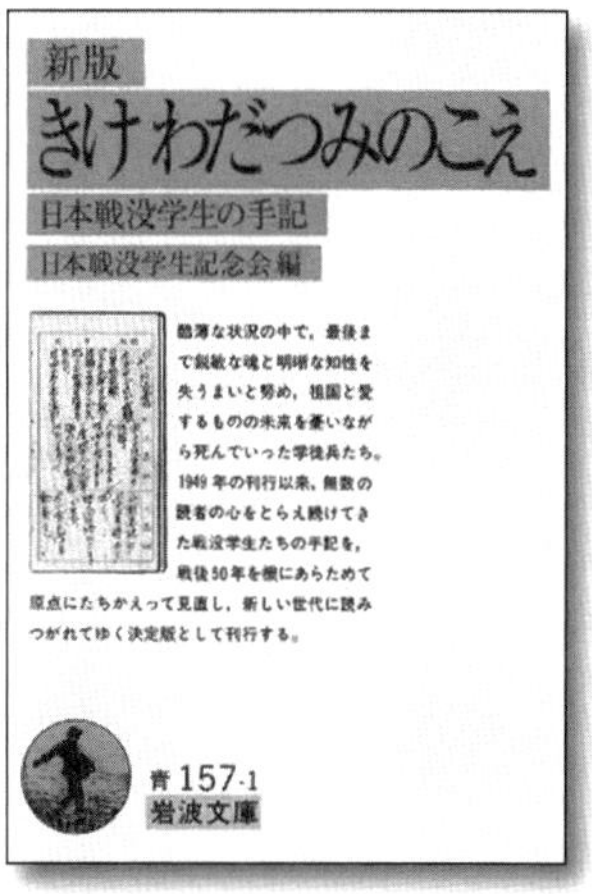

日本戦没学生記念会(編集)
岩波文庫

学徒兵75人の遺稿を編纂して発刊

『きけ　わだつみのこえ』は、大東亜戦争（太平洋戦争）主に末期に戦没した学徒兵の遺書をまとめた遺稿集である。昭和22年（1947）12月、東京大学協同組合出版部が編集し、刊行した東京大学戦没学徒兵の手記集『はるかなる山河』がさまざまな反響を呼んだが、その全国版として昭和24年（1949）に出版されたのが本作品である。

本作品の編集は昭和23年（1948）春から始まり、後に「わだつみ会」の理事長に就任する中村克郎をはじめ、小田切秀雄、真下信一、渡辺一夫、桜井恒次などが編纂作業に携わった。

編集に際しては、「かなり過激な日本精神主義的な、ある時には戦争謳歌にも近いような若干の短文までをも全部採録するのが公正」（渡辺一夫）という意見もあったが、「現下の社会情勢その他に、少しでも悪い影響を与えるようなことはあってはならぬ」という考えから、軍国主義的な内容に共感を覚えたり、国家に忠誠を誓うような文章は削除された。これについては「客観的事実としてすべて掲載すべき」という批判もあるが、それ以上に

「痛ましい記録を公にしたくない」という気持ちが当時は勝っていたようだ。

遺稿は309人から集められ、その中から75人分のものが1冊にまとめられた。遺稿の配列はおおむね時代順に並べられ、戦況の経過とそれにつれて変わってゆく学生たちの心の移り変わりが読み取れるように編集されている。そして全体を「日中戦争期（Ⅰ）」、「アジア・太平洋戦争期（Ⅱ）」、「敗戦後（Ⅲ）」の3つに分類した。

そして出版の際には書名を全国から公募し、約2000通の応募の中から京都府在住の藤谷多喜雄氏のものが採用された。「わだつみ」は海神を意味する日本の古語で、そもそもの応募作は「はてしなきわだつみ」だったが、そこから『きけ わだつみのこえ』という題名が生まれた。

こうして『きけ わだつみのこえ』の第一刷が発行されたが、取次店から大倉印刷の製本所に直接取りに来るほどの人気を誇った。翌年には「戦争によって流された血は、ふたたび、それが決して流されぬようにすること以外によってはつぐなわれない」という趣旨の下、日本戦没学生記念会（わだつみ会）が結成された。

また平成18年（2006）に開館した「わだつみのこえ記念館」（東京都文京区）には、戦没学生を中心に、戦争犠牲者に関する資料（日記、手紙、遺品など）、詳細な年表などを展示している。

若者たちの死に直面した心境が克明に記される

『きけ わだつみのこえ』はその後、昭和38年（1963）に続編として『戦没学生の遺書にみる15年戦争』（光文社）が出版され、昭和41年（1966）には『第2集 きけ わだつみのこえ』に改題されて刊行している。1990年代には岩波書店から刊行され、現在まで読み継がれている。

編纂作業の中心を担った中村克郎は昭和57年（1982）の岩波書店版のあとがきで、「平和への希求」について次のように記している。

「個人であれ、国家であれ、暴力、武器によって古来平和がたもたれたためしがあるか。癌と軍隊は似ていて、癌は人間の個体をほろぼし、軍隊は人類をほろぼす。これは真理である。不信は不信をよびおこし、暴力は暴力を生み、怨みは怨みを買い、核兵器を含めて一切の軍備は相手を制圧しようとしておたがいにとどまることを知らない。いわゆるいたちごっこ、指相撲のようにである」

本作では、学業が頓挫した学徒兵がどのような心境で戦地に向かい、死に直面したとき、どのように感じたかが克明に描写されている。例えば、早稲田大学商学部出身の市島保男（海軍大尉）の昭和20年（1945）4月24日の日記には、次のように記されている。

隣りの室では酒を飲んで騒いでいるが、それもまたよし。俺は死するまで静かな気持でいたい。人間は死するまで精進しつづけるべきだ。まして大和魂を代表する我々特攻隊員である。その名に恥じない行動を最後まで堅持したい。私は自己の人生は人間が歩み得る最も美しい道の一つを歩んで来たと信じている。精神も肉体も父母から受けたままで美しく生き抜けたのは神の大なる愛と私を囲んでいた人々の美しい愛情の御蔭であった。今限りなく美しい祖国に我が清き生命を捧げ得る事に大きな誇りと喜びを感ずる。………

この5日後、彼は第五昭和特別攻撃隊員として、沖縄東南海上にて23歳の若き生涯を閉じた。だが、これはほんの一例に過ぎない。兵力不足を補うために行われた「学徒出陣」で、多くの学生が戦地へと送られていったのである。

学徒動員によって失われた若い命

日本は日中戦争（支那事変）以降、断続的に戦争を続けていたが、戦局の拡大・悪化にともない、兵力不足が深刻な問題となっていった。それまで、兵役法の規定で大学・高等学校・専門学校の生徒は26歳まで徴兵が猶予されていたが、兵力確保のため、その範囲は徐々に狭められていった。

そして昭和18年（１９４３）10月1日、東条英機内閣が在学徴集延期臨時特例（昭和18年勅令第７５５号）を公布し、文科系の高等教育諸学校の在学生の徴兵延期措置が撤廃される（理工系と教員養成系を除く）。これに基づく徴兵検査が行われ、丙種《へいしゅ》合格者までが12月に入隊した。

10月21日、東京の明治神宮外苑競技場で出陣学徒壮行会が行われ、東条首相も出席の下、7万人の学生が集まった。本作に遺稿が掲載された慶大生の上原良司も参加したが、その翌日に次兄の戦死を知らされている。

当時の心境について、上原は次のように記している。

徴兵猶予取消、入営等目まぐるしい位い人生の重大事が次々と現われ、その間、自己の信念に矛盾する事を経験するとともに、それに対して悩んだ。しかし、時日はその間にどんどんたってしまった。現実を直視する暇も無いほど数多くの出来事にぶつかった。ただ、命のままに忙しく送ったこの年月は、果して如何なる結果を与えることだろうか。それを考えると恐しいような気がする。しかし過ぎ去った事は何も言うまい。あくまで自己の信念を堅持するのみ。自分もいよいよ二十三となる。ますます考えを練り、問題解決に邁進しなければならぬ。幸なれ、我が前途を。

上原は航空の道を選び、昭和20年（1945）には陸軍特別攻撃隊第56振武隊員となった。そして5月11日、沖縄嘉手納湾のアメリカ機動部隊に突入して戦死しているが、その前日、報道班員の1人が「出撃する前の気持ちを書いてほしい」と良司に頼んでいる。このとき書かれた文章が、『きけ わだつみのこえ』の冒頭で登場する。

明日は自由主義者が一人この世から去って行きます。彼の後姿は淋しいですが、心中満足で一杯です。

上原は大学生活の中で、イタリアの歴史哲学者ベネディット・クローチェに出会い、感銘を受けていた。第2次世界大戦時には反ファシズムの姿勢を示し、自由の尊さを訴えた人物である。そんな自由主義に憧れを抱いた若者が、特攻という形で命を落としたのである。

本作品に登場する学生は、将来を嘱望された若者たちである。戦争がなければ、彼らは企業人や官僚として、国家を動かす存在になっていたはずだ。だが、自由主義的な学問や教養を学ぶ場からは、遠く離れた戦場に駆り出され、死に至ったのである。

日本人なら読んでおくべき9冊⑥

知覧からの手紙

法曹への世界に歩みたいという夢を抱きながら、自ら陸軍航空兵を志願し、特攻隊として空に散った穴沢利夫少尉。彼が婚約者の智恵子に宛てた手紙には、深い愛情と無念の思いがあった。戦後60年以上を経て婚約者が語った、戦時の愛と現実を追った物語。

水口文乃（著）
新潮文庫

60年以上の年月を経て明らかになった恋物語

太平洋戦争末期、爆弾や爆薬を搭載した軍用機や潜水艇などが自爆攻撃をする「特別攻撃」が行われるようになり、そのための戦術部隊である「特別攻撃隊」が編成されるようになった。

特攻に自ら志願した者もいれば、上官から「特攻隊に志願したい者は一歩前に出ろ」といわれ、卑怯者と思われるのを恐れて本心からではなく志願した者もいた。昭和20年（1945）4月12日、知覧陸軍飛行場から出撃して命を落とした穴沢利夫少尉も、そんな特攻隊員の1人である。

穴沢少尉が出撃した日は、まだ4月だというのにセミがジィジィと鳴いていた。少尉は午後3時ごろに出撃したが、滑走路で女学生が声をかけたところ、にっこりと笑っていたという。遺書には「自分も負けずに、朗らかに笑って征く」と書かれていたが、そのとおりの最期であった。

この穴沢少尉と結婚の約束を交わし、出撃直前まで手紙のやり取りを行っていたのが、

『知覧からの手紙』の主人公・伊達智恵子さん（旧姓・孫田）である。本作品は終戦から60年以上経った平成18年（２００６）1月13日、筆者が都内で１人暮らしをしている智恵子さんを訪ねたところから始まる。小柄でチャーミングな笑顔を絶やさなかった智恵子さんは、穴沢少尉との思い出について、次のように語っている。

「利夫さんは生きたくても生きられなかったけど、残された私や彼の写真、それに未来に続くあなたたちのために特攻隊として身を投じたの。私はその遺志を受け継いで、できることなら利夫さんの思いを果たしていきたい」

そして智恵子さんは、60年以上昔の思い出を、まるで昨日のことのように語った。彼女はそれまで取材に応じることはほとんどなかったそうだが、その思いを変えたのは、こんな理由からだった。

「最近は、戦争が美談とされることもあるし、特攻隊を勇ましいと憧れを持つ人もいる。でも、私たちは戦争がいかに悲惨なものかを知っています。間違った事実が伝わらないように、今、話しておかないと、と思ったのです。あの時代を生きて、身をもって体験したことを語る人は、毎年少なくなっている。長く生かされていることに、何らかの使命を課せられているとしたら、それは語り部の役割かもしれませんね」

本作品は、智恵子さんとのインタビューをもとに、丹念な取材と裏付けを加えて構成されている。特攻という重いテーマを取り扱っているが、智恵子さんと穴沢少尉の淡く清々しい恋が、共感を込めて描かれている。

操縦士に自ら志願した穴沢少尉

本作品の主人公である孫田智恵子（以下、敬称略）と穴沢利夫少尉が最初に出会ったのは、昭和16年（1941）7月21日のこと。智恵子17歳、利夫19歳のときであった。智恵子の父は福岡でサラリーマンをしていたが、転職して東京に移住していた。

戦前の女性というと、自主性に乏しく、依存心が強いというイメージを抱きがちだが、智恵子は子どもの生き方を縛らない父の影響を受け、「自分の仕事を持ちたい」という願望を抱いていた。けなげで純真ではあったが、独立心が強く、自主性を持ち、強い自分の意思を持つ女性であった。

本好きの智恵子は図書館などで働く司書になりたいと考え、文部省図書館講習所（筑波大学情報学群の前身）に入学していたが、その夏休み中に利夫と出会った。当時の利夫は中央大学専門部法学科の学生で、思うような仕送りも受けられない状況だったため、学校に通いながらアルバイトにも励んでいた。

最初に想いを伝えたのは、利夫のほうだった。実習期間中に「僕と付き合ってくれませんか」と告白したが、智恵子はハッキリとした返事をしないまま、月日が流れていく。その間にも太平洋戦争が始まり、日本軍は「大東亜共栄圏」を着実に拡げていた。戦争に対する不安がよぎるなか、智恵子は「国家に直接奉仕できることはできないだろうか」と考え、「藻塩《もしお》会」という女性グループに入会した。

一方、利夫も法曹の世界に進むという希望を持ちながら、自ら陸軍航空兵に志願する。現代の視点から見れば、「政府や軍に煽られた『戦争協力』ではないか」と片付ける人もいるかもしれないが、当時の若者たちは「祖国の危機を前に、自分は何ができるだろうか」と考え、苦悩していたのだ。

利夫の親友が「智恵子さんをどうするつもりだ」と詰め寄ったときも、彼は「国が俺たちを求めているんだ。今、それに応えずしてどうするんだっ！」と答えたという。また、利夫は「兵隊になんかなりたくもない……」ともいっているが、それでも戦死率が高い航空兵を希望した理由について、「国家にとって、航空兵が一番必要だからだ」と述べている。当時はこうした考えを抱くことが、ごく当たり前だったのだ。

昭和18年（1943）10月、利夫は特別操縦見習士官1期生として軍に入隊する。その後は手紙のやりとりが中心になり、2人はなかなか会うことができなかった。それでも利夫は休暇を利用し、たびたび智恵子と顔を合わせる。だが常に「これが最後になるかもしれない」と考え、2人はすぐ近くにある「死」を意識するようになっていた。

「死」が隣り合わせだった戦時の若者たち

それでも、「国のために何かしたい」と考えていた智恵子は、利夫が志願してパイロットになったことを誇りに思っていた。「兵隊なんて辞めて、私と一緒になってほしい」といった言葉を口にはしなかったが、その一方で、利夫の身の上は日々案じていた。そして新聞に「特攻隊」という言葉が見られるようになると、智恵子は「家庭を持ちたいという利夫さんの希望をかなえてあげなければ」と思うようになる。

こうして２人は、離ればなれの身でありながら結婚を意識するようになるが、若い２人の身を案じた家族は、結婚に反対する。それでも２人は粘り強く説得し、家族も２人が一緒になることを望むようになった。だがその矢先に利夫は九州へ移り、そして特攻の前線基地である知覧から出撃し、帰らぬ人となった。最期は智恵子の写真を胸ポケットに入れ、彼女のマフラーを巻いて出撃したという。

利夫の死から４カ月後、若い２人を引き裂いた戦争が終わった。若い智恵子には見合いの話もあったが、断わり続けていた。戦後10年を過ぎるころまでは利夫の夢をよく見ていたが、それでも「彼が目指していた家庭生活や読みたかった本を、私の心の内に存在する利夫さんと一緒に経験していこう」と心を整理し、15歳年上の男性と結婚した。夫が昭和48年（１９７３）に亡くなったあとは、利夫が最後に出撃した知覧をたびたび訪れるなど、利夫の足跡をたどる旅に出たこともあった。

『知覧からの手紙』の刊行後、２人の恋物語を扱ったテレビドラマが放送されたり、演劇が上演されている。伊達智恵子さんは平成25年（２０１３）５月31日、89歳で亡くなったが、天国では穴沢少尉と再会し、失われた青春の時間を取り戻しているのかもしれない。

日本人なら読んでおくべき9冊⑦

日本のいちばん長い夏

政治や軍部の中枢にいた人物から、前線の将兵、囚人に至るまで、戦争の当事者30人が、日本がポツダム宣言を受け入れて無条件降伏した「昭和20年の夏」を語る。前代未聞の座談会で出てきたのは、「後世への贈り物」となる貴重な証言であった。

半藤一利（編集）
文春新書

政治家や元軍人など30人による大座談会

『日本のいちばん長い夏』は『文藝春秋』の編集者だった半藤一利が企画し、昭和38年（1963）6月に行われた座談会を書籍化したものである。

のちに『日本のいちばん長い日――運命の八月十五日』（文藝春秋新社、1965年）、『聖断――天皇と鈴木貫太郎』（文藝春秋、1985年）といった昭和史に関する史論や人物論を執筆した半藤だが、座談会が行われた当時は弱冠33歳のイチ編集部員に過ぎなかった。しかし、この座談会では徳川夢声とともに司会を務めている。

しかも、この座談会は普通の座談会ではない。政治家、元軍人、評論家、学者など28名が東京の料亭「なだ万」に集結し、約5時間にわたって繰り広げられたのだ。また座談会には出席しなかったものの、吉田茂元首相と町村金五元警視総監（座談会当時は北海道知事）が誌上参加している。

このキャスティングは半藤が〝自分の趣味〟で集めたそうだが、それにしても幅広いメンバーが集まっている。例えば、迫水久常《さこみずひさつね》（内閣書記官長）のように政府の中枢にいた人もいれば、今村均（陸軍大将・第8方面軍司令官）など外地で戦争に携わっていた人もいる。さらには酒巻和男やルイス・ブッシュのように捕虜収容所にいた人、日本共産党幹部で投獄されていた志賀義雄といった面々も座談会に参加し、貴重な証言を残している。

座談会の模様は『文藝春秋』の1963年8月号に掲載され、44年の月日を経て、日本近代精神史を専門とする松本健一氏を迎えて行った解説を付け加えた形で、平成19年（2007）に出版された。

平成22年（2010）には映画化もされているが、このとき座談会に出席した人物を演じたのは、田原総一朗（ジャーナリスト、志賀義雄役）や富野由悠季（アニメ映画監督、今村均役）など、俳優ではないジャーナリストや作家などの文化人たちであった。半藤本人も、解説者として出演している。

予期していなかったポツダム宣言

座談は、政府首脳がポツダム宣言を知った1945年（昭和20）7月27日から戦争が終わる8月15日までを、30の視点で振り返っている。ポツダム宣言は日本への降伏を勧告したものだが、内閣書記官長だった迫水久常は「率直にいって、ポツダム宣言というものをぜんぜん予期していませんでした」と証言している。米英ソの巨頭が戦争の幕引きを話し合っていたのに、日本の政府首脳はそれをまったく念頭に入れていなかったのだ。

当時の日本政府はソ連を仲介にした和平工作を行っていたが、そのソ連はすでに日本への参戦を決めていた。そして、太平洋戦争の主導権をソ連に奪われることを危惧したアメリカは、日本に原子爆弾を投下する決断を下したのである。

このように、日本を取り巻く環境は緊迫していたが、市井にはそのような状況は伝わっていなかった。例えば、文部省研究員だった江上波夫（座談会当時は東京大学東洋文化研究所教授）などは、「研究目的で7月25日に満州へ渡った」と座談会で述べている。ソ連が満州へ侵攻するのが時間の問題だった、にもかかわらずである。日本人が太平洋戦争の詳細を知るのは、戦争が終わってからのことであった。

すでに日本の都市部の大部分は空襲を受け、焼け野原になっていた。だが政府はポツダム宣言を「黙殺」し、貴重な10日間を無駄に過ごしてしまう。ところが、政府は相変わらずソ連を仲介にした和平工作に奔走する。

座談会では軍令部一部長（作戦担当）だった富岡定俊（座談会当時は史料調査会理事）

が「対ソ和平工作というのがうまくゆくと、政府は本気で考えていたのですか」と疑問を投げかけている。これに対し、外務次官だった松本俊一（座談会当時は衆議院議員）は、「少くとも外務省は考えていなかった」と答えている。駄目とわかっていながら和平工作を行い、駐ソ大使の佐藤尚武（座談会当時は参議院議員）に無理な訓令を出し続けていた。これには、外地にいた座談会の出席者も「ひどい話だ」と嘆いている。外地にいた人から見れば、中央は「現地を考えず無理な命令を出す」と見ていたのだ。

こういった視点の違いが、この座談会の興味深い点である。例えば、日本が終戦を迎えた8月15日の過ごし方は、各地各様なものであった。

ラバウルで終戦を迎えた今村均は、終戦の報を聞いて「不覚にも」涙を流した。かと思えば、ニューギニアのそばのハルマヘラという島で終戦を迎えた池部良（座談会当時は俳優）は、「あっち、こっちで『万歳』『万歳』とやっているのですよ。泣きながらよく敗けてくれた、というようなことをいうやつもいる」と証言している。

捕虜や収監者たちの終戦の迎え方も、人それぞれであった。連合国軍の捕虜となっていた酒巻和男（太平洋戦争での最初の日本人捕虜、座談会当時はトヨタ自動車輸出課長）や大岡昇平（座談会当時は作家）は、死を覚悟していた。一方で、横浜収容所に収監されていたルイス・ブッシュ（座談会当時はＮＨＫ職員）は、終戦の日の夕方には日本人兵隊と一緒に銭湯に行き、戦争が終わったことを共に喜び合ったという。

天皇の「聖断」をもって終戦に至る

ポツダム宣言を受諾すべきかどうか迷っているうちに、広島へ原子爆弾が投下されてしまう。そして3日後の8月9日にはソ連軍が突如満州に進撃を開始し、長崎に第2の原子爆弾が投下される。

その頃、政府ではポツダム宣言の受諾をめぐって会議が紛糾していた。座談会では、その場にいた人たちが当時の様子をさまざまな角度から振り返っている。そこから見えてくるのは、心の中では「もう日本は駄目だ。戦争はいい加減終わらせなければならない」と思っていても、内閣の論理、陸軍の論理、海軍の論理、外務省の論理など、各方面の「論理」が折り重なって終戦という決断が下せないという、もどかしい思いであった。日本では「決められない政治」がしばしば批判の対象となるが、こうした傾向は戦前戦中からあったのだ。

結局、鈴木貫太郎首相は終戦の決断を天皇に仰ぎ、天皇の「聖断」をもってポツダム宣言の受諾が決まった。8月10日午前2時すぎのことである。ところが、戦争が終わったのはそれから5日後、8月15日のことである。これは徳川夢声も「何故そのまますぐに戦争の終りにならなかったのですか」と疑問を抱いている。これに対し、迫水久常は「国体護持の問題があった」と答えているが、ともかく日本は終戦に向けて大きく舵を向けていくことになる。

戦争継続を訴えていた陸軍では、当然ながら反発の声が挙がったが、これを抑え、終戦を円滑に導いたのが阿南惟幾《あなみこれちか》陸軍大臣である。陸軍中将で内閣総合計画局長官の荒尾興功（座談会当時はトヨペットのコーナー常務）も、「阿南さんが陸軍大臣で日本のためよかったと思うのです」と褒め称えている。

こうして8月14日を迎えるわけだが、この日から翌15日までの様子は『日本でいちばん長い日』に詳しく書かれている。半藤がこの作品を書くきっかけとなったのは、座談会で速水久常や鈴木一（鈴木貫太郎首相の子、戦中は首相秘書官）と顔見知りになったからだ。座談会で出てきた話をさらに掘り下げ、珠玉のノンフィクションへと仕立て上げた。

『日本のいちばん長い日』は大宅壮一の名で発表され、昭和42年（1967）には岡本喜八監督によって映画化されている。さらに平成27年（2015）には、原田眞人監督によってリメイクもされた。この2冊を読むときには、まずは『日本のいちばん長い夏』で大局をつかみ、それから『日本のいちばん長い日』を読むとよいだろう。

日本人なら読んでおくべき9冊 ⑧

失敗の本質

日本軍の組織論的研究

最初に刊行されてから30年以上経った今もなお、多くの人に読まれている戦史研究本。ミッドウェー海戦やガダルカナル島の戦い、インパール作戦など、６つのケーススタディをもとに、日本軍の〝失敗の本質〟に迫る。

戸部良一・寺本義也
鎌田伸一・杉之尾孝生
村井友秀・野中郁次郎（著）
中公文庫

6つの敗北から「失敗の本質」を探る

『失敗の本質 日本軍の組織論的研究』は昭和56年（1981）に刊行されて以来、現在まで読み継がれているベストセラーである。戦史研究に従事する防衛大学校の研究者と、組織論の研究者による共同研究によって生まれたものであり、模索をしながら作り上げた。

第1章ではノモンハン事件、ミッドウェー海戦、ガダルカナル島の戦い、インパール作戦、レイテ沖海戦、沖縄戦と、第二次世界大戦における日本の敗戦を取り上げ、負けた本質がどこにあるのかを分析している。そして第2章では、6つの敗戦に共通する日本軍の特性や傾向をとらえ、現代の組織一般にとっての教訓あるいは反面教師として活用するのが最大の狙いである。

出版当初は著者たちも売れるとは思っていなかったようだが、戦時中の軍部の失敗要因が現代にも通じることから、期待以上の反響を呼んだ。勝間和代（著述家・評論家）や新浪剛史（サントリー社長）など著名人も本作を推薦しており、ビジネスなどの場面で参考にする人も多い。

本作品では、「大東亜戦争（戦場が太平洋地域にのみ限定されていなかったという意味で、本作品ではこの呼称を用いる）は、客観的に見て、最初から勝てない戦争だった」という前提のもと、分析を行っている。その理由について、本作品では次のように述べられている。

大東亜戦争での日本は、どうひいき目に見ても、すぐれた戦い方をしたとはいえない。いくつかの作戦における戦略やその遂行過程でさまざまの誤りや欠陥が露呈されたことは、すでに戦史の教えるところである。開戦という重大な失敗、つまり無謀な戦争への突入が敗戦を運命づけたとすれば、戦争遂行の過程においても日本は各作戦で失敗を重ね、敗北を決定づけたといえよう。

軍隊とは合理的・階層的官僚制組織のもっとも代表的なもので、戦前の日本でも合理性と効率性を追求した官僚制組織の典型であった。だが大東亜戦争という組織的状況を果たす場面において、日本軍は合理性と効率性に相反する行動をとっていた。本作品では、こうした特性や欠陥が日本の組織一般にもあることを示唆している。つまり、日本軍の問題は、現在の日本全体を覆う問題とつながっているというのだ。

過去の成功体験にとらわれ続けた日本軍

本作品で紹介する「失敗の本質」は、次のようなものである。

①環境の変化に合わせて戦略や体制が変えられない硬直化した組織
②戦略目的があいまいで、意思統一が徹底されていない
③戦力の漸次・分散投入による失敗
④プロセスや動機を重視するあまり、結果に対する責任があいまいになっている
⑤敵の戦力や戦略を過小評価し、なおかつ成功体験から自軍を過大評価する

この中でも、著者たちは①の部分を強調して述べている。日本軍では戦略よりも組織内の融和と調和を重視し、その維持に多大なエネルギーと時間が費やされていた。その結果、組織としての自己革新や見直しをはかることができず、組織が未熟なまま大東亜戦争へと

突入してしまったのだ。

では、なぜ日本軍は組織としての自己革新や見直しができなかったのか。その原因として本作では、「過去の成功への過剰適応」を挙げている。日本の陸海軍は日露戦争という最大の危機を乗り越えたことで、列強諸国の仲間入りを果たした。

だが同時に、日露戦争の成功は、陸軍に「白兵銃剣主義」、海軍に「艦隊決戦主義」というパラダイム（模範）を確立させる。陸海軍ではこのパラダイムが徹底的に叩き込まれ、徐々に精神主義が蔓延するようになった。『失敗の本質』では、過度な精神主義が装備の近代化や科学合理主義を妨げたことも指摘している。

日本軍は猛訓練を積むことで軍の力が増すと考えていたが、これは現代社会でも通じるものがある。例えば「残業、休日出勤もいとわない奉仕精神」というのは、その典型といえる。今でこそ仕事に効率性や合理性を求めるようになっているが、かつては「モーレツ社員」「気合と根性」がもてはやされてきた。こうした日常生活の部分にも、日本軍の名残が残っていたのだ。

また「過去の成功体験への依存」も、現代の企業に根深くはびこっている。大東亜戦争では戦争を取り巻く環境が激変していたにもかかわらず、日本軍は過去に成功した行動をそのままコピーして実行して失敗したが、企業でも一度成功したモデルから離れられず、没落した例がある。環境の変化に合わせて臨機応変に対処することが、現代に向けての〝教訓〟であるといえる。

戦略目的のあいまいさと情報軽視で勝機を逸する

そして戦略上の失敗要因として、「戦略目的があいまいだった」という点を指摘している。例えばミッドウェー海戦では、その目的が次のように策定されている。

ミッドウェー島を攻略し、ハワイ方面よりする我が本土に対する敵の機動作戦を封止するとともに、攻略時出現することあるべき敵艦隊を撃滅するにあり。

最初に「ミッドウェー島を攻略」といっておきながら、後半では「敵艦隊を撃滅」とある。アメリカのニミッツ提督も「二重の目的」と指摘しており、作戦目的がいかにあいまいだったかがうかがえる。またミッドウェー海戦では、日本側が情報収集を重視しておらず、敵の発見が遅れたことで勝機を逸したという指摘もある。一方で、アメリカは一貫して情報を重視し、目的を日本の空母群の撃滅に集中し、劣勢を跳ね返して勝利を収めたのである。

そもそも、日本は日米開戦を志向した段階から確たる長期的展望を有していなかった。軍上層部は「緒戦で勝利し、南方の資源地帯を確保して長期戦に持ち込めば、アメリカは戦意を喪失し、その結果として講和が獲得できる」という路線を漠然と考えているに過ぎなかったのだ。

連合艦隊司令長官の山本五十六は、近衛文麿首相から日米開戦後の見通しについて問われたとき、「是非やれと言われれば、初め半年や1年は、ずいぶん暴れて御覧に入れます。しかし2年3年となっては、まったく確信はもてません」と答えている。山本は対米戦については反対の意向を述べていたが、「やるからには短期で決着をつけなければならない」と考えていた。だが長期的な見通しを欠いたまま対米戦に踏み切ったことで、日本国民は終わりがみえない、泥沼の戦いへと巻き込まれてしまった。

こうした短期決戦志向は、勇猛果敢な戦いを展開するには利があったかもしれない。しかし、一方で防禦《ぼうぎょ》や情報、諜報は重視されなくなり、兵站の軽視にもつながっていった。

文庫版のあとがきでは、「わが国のあらゆる領域の組織は、主体的に独自の概念を構想し、フロンティアに挑戦し、新たな時代を切り開くことができるかということ、すなわち自己革新組織としての能力を問われている。本書の今日的意義もここにあるといえよう」とまとめられている。「失敗は成功のもと」ということわざがあるが、失敗からどれだけ多くのことを学び、次に活かせるかが、その〝本質〟といえるだろう。

日本人なら読んでおくべき9冊 ⑨

父 山本五十六

山本義正（著）
朝日文庫

連合艦隊司令長官を務めた海軍軍人・山本五十六の生涯を、息子・義正の視点から描いた作品。家族しか知らない山本元帥の知られざる素顔、そして日米開戦に対する意気込みや葛藤、部下への思いがつづられている。

盛大な国葬が営まれた「山本五十六元帥」

太平洋戦争時に連合艦隊司令長官を務めた山本五十六は、さまざまな書籍で紹介されている。だがすべてを紹介するわけにはいかないので、ここでは長男・義正が著した『父 山本五十六』を紹介する。

本作品が最初に上梓されたのは、昭和44年（1969）のこと。父の思い出を手帳の断片に書き留め、いつの間にか単行本1冊ぐらいの分量になり、出版へと至った。その後、部分的に記憶が薄らいでいるところ、思いちがいがある箇所を補完し、五十六の知人や親類への取材も行った。そして映画『聯合《れんごう》艦隊司令長官 山本五十六』が公開された平成23年（2011）、文庫版として改めて出版された。

昭和18年（1943）6月5日、ブーゲンビル島上空で戦没した山本五十六の国葬が東京・日比谷公園で営まれた。五十六の先輩にあたる米内光政大将が葬儀委員長を務め、義正が喪主を務めた。国民誰もが五十六の死を惜しみ、涙したが、義正は「父は、もっとも父らしくないやり方で葬られたような気もしていた」と思っていたという。

義正がこのような違和感を抱いたのは、普段過程で見せる父・五十六と、盛大な葬儀で見送られた山本五十六長官の姿が、かけ離れていたからなのだろう。

部下や仲間の死を悲しみ、涙する五十六の人間性

山本五十六は明治17年（1884）、現在の新潟県長岡市で生まれた。父の高野貞吉は旧長岡藩士で、56歳のときに生まれた子どもだったことから「五十六」と名付けられた。長岡藩は戊辰戦争で新政府軍と戦い、城下町が焦土と化した。五十六の祖父・秀右衛門は戦死し、貞吉は長岡で清貧な暮らしをしていた。山本姓を名乗ったのは、旧長岡半家老の家柄である山本家の養子に入ってからのことであった。

幼い頃から武士の心得を聞かされ続けた五十六は軍人を志し、海軍軍人となって巡洋艦「日進」に乗り日本海海戦に参加する。このとき左手の指2本を失い、左大腿部に重傷を負い、左腕切断の危険性もあった。この傷が五十六に心理的な影響を与えるようになる。肉体的には引け目を感じていたが、一方で「死は天命である」と意識するようになった。子どもたちの前では、指が2本足りない左手を特別隠そうとはしなかった。その上で、傷の

せいで人に遅れが出ないよう、異常なまでに努力をした。五十六の友人や部下の中には、指の欠損に気づかない人もいるほどだったという。

義正は大正11年（1922）、五十六が40歳のときに生まれた。父・五十六の転勤にともない千駄ヶ谷、霞ヶ浦、鎌倉、青山と移り住んだが、小学校に入学したころは鎌倉の材木座に住んでいた。五十六は艦隊勤務に追われて留守がちだったが、鎌倉の家では庭の縁側の椅子によりかかり、じっと目を閉じていた。普段は寡黙な生活を送っていたが、それでも故郷の長岡に帰ると、名産の水まんじゅうを喜んで食べていたという。

本作品で著者は「(父・五十六は) 口には出さなかったが、ゆくゆくは私を兵学校に入れ、海軍の軍人としての道を歩ませたい気持ちがあったように思う」と述べている。近眼のため兵学校に入るのをあきらめ、東京府立一中（現在の日比谷高校）に進学している。五十六は義正が学校に通いやすくするため、鎌倉の家を引き払い、一家で青山に移り住んだ。本作では、こうした父親ならではのエピソードが数多く述べられている。

一見無愛想で物事に頓着しないように見える五十六だが、本当はとても几帳面で、神経質なところがあったという。靴の汚れを嫌って歩き方に気を配ったり、ワイシャツの袖口を汚さないため、袖口だけを外に折り曲げていた。

また五十六は、仲間や部下への思いやりが深い人物でもあった。五十六は黒い表紙の手帳を肌身離さず持っていたが、そこには戦死・殉職・負傷した人の名前や住所、遺族の氏名などが書かれていた。それを毎朝見て、冥福を祈っていたのだ。家族の前では毅然としていた五十六だが、戦死・殉職した部下の遺族を訪れた際には、悲しみのあまり涙を流すことも少なくなかったという。

昭和11年（1936）12月1日、五十六は海軍次官に就任する。一家は青山の自宅から霊南坂の次官官舎に引っ越したが、この時期から連合艦隊司令長官に就任するまでの4年間が、家族として過ごす時間がもっとも多い時代であった。五十六の妻で義正の母にあたる礼子も、「いそがしかったけど、やはり霊南坂がいちばん楽しかった」と回想している。

義正は府立一中の学生だったが、中耳炎や肺門淋巴腺炎、乾性肋膜炎、湿性肋膜炎など、罹病して病床に臥せることが多かった。父・五十六は直接見舞ったり、やさしい言葉をかけることはほとんどなかったが、たまに何かを買ってきて、母に渡していたという。そのひとつがチーズだったが、当時、チーズを食べる人はごく限られていた。五十六はハーバード大学に留学したり、視察などで欧米を訪れる機会が多かったが、その過程で西洋式の生活や嗜好が身についたようだ。家族でレストランに行ったときは、「義正、こういう順序で食べるんだ」とテーブルマナーを教えてくれたという。

対米戦争に反対し続けた五十六の葛藤

家族思いの一面もあった五十六だが、海軍次官時代には命の危機に見舞われている。長い海外生活の体験から、アメリカの国力や軍事力に通じていた五十六は、アメリカと戦っても勝ち目がないことを知っていた。「内乱が起きても国は滅びない。しかし、ドイツやイタリアと結んで、アメリカを相手に戦争に突入するようなことになったら、国の破滅だ。それだけは、どうしても避けなければならない」というのが、五十六の考えであった。

そして米内光政、井上成美《しげよし》とともに日独伊三国同盟に反対したが、そのせいで強硬派から注視され、「山本を暗殺しよう」と考える国粋主義者も少なくなかった。五十六は「外出には注意するように」と忠告されても平然としていたが、身を案じた米内は五十六を連合艦隊司令長官に推挙し、海上勤務につけるようにした。

その間にもヨーロッパではドイツがポーランドに侵入し、第二次世界大戦の火ぶたが切って落とされる。日米関係も悪化の一途をたどった。そしてアメリカとの戦争が避けられなくなると、五十六は「アメリカとの戦いを優位に進めるには、ハワイの真珠湾にある艦隊と基地を襲撃しなければならない」と考えるようになる。そして反対の意見を押し切って真珠湾攻撃を敢行し、対米戦が幕を開けた。

義正ら家族が五十六と最後に会ったのは、昭和16年（1941）12月4日のことであった。学校へ出かける義正を玄関まで見送り、「行ってまいります」「行ってきなさい」と交わした会話が、義正にとって最後の「父の言葉」であった。

五十六が戦死したのは、それから1年半後のことである。ブーゲンビル島のブイン方面の前線部隊を視察慰問すべく、陸上攻撃機に乗ってラバウル基地を発ったが、その飛行中にアメリカ航空隊の襲撃を受けた。五十六は飛行機上で銃弾を受けて即死し、軍刀を握りしめたまま亡くなっていた。

父・五十六の死後、義正は東京帝国大学に籍を置いたまま海軍に志願する。だが近視のためパイロットにはなれず、海軍整備予備学生となり、そのまま終戦を迎えた。戦後は大学に復学し、大学院を経て製紙会社などに勤めた。

第2章
総合・戦争検証

©共同通信社/アマナイメージズ

総合・戦争検証 ①

「昭和天皇実録」の謎を解く

1万2000ページにも及ぶ『昭和天皇実録』を読んだ識者4人が、そこから浮かび上がってくる昭和天皇の実像を検証する。天皇の視点から見た昭和史とは、どういう歴史だったのか？厖大な記録から読み解いていく。

半藤一利・御厨 貴
磯田道史・保阪正康（著）
文春新書

４人の識者が全61巻約1万2000ページを検証

昭和天皇に関する伝記や関連本はいくつもあるが、その決定版といえるのが、宮内庁が24年5カ月の歳月をかけて編修した『昭和天皇実録』（以下、『実録』）である。側近の日誌や公文書など約3000点の資料をもとに作成し、侍従長を務めた百武《ひゃくたけ》三郎の日記など新資料が発見されたため、完成時期は2度延長されている。

全61巻、約1万2000ページに及ぶ大冊で、平成26年（2014）8月に本文60巻が天皇皇后両陛下に奉呈され、9月9日にその完成と主たる内容が報じられた。そして平成27年（2015）3月から刊行が始まり、5年かけて全19巻が発売される。明治34年（1901）の御誕生から昭和64年（1989）の崩御までの89年間を、天皇の御事蹟とそれにまつわる日本の政治・社会・文化などを交え、口語体で記載されている。すでに発売されている1巻では御生誕から大正2年（1913）まで、2巻では大正3年（1914）から大正9年（1920）までの記録がまとめられている。

あまり知られていなかった昭和天皇の幼少期、「象徴天皇」として平和を希求した後半生もさることながら、やはり興味深いのは、戦時期に天皇がどのような心境でお過ごしになり、どのような苦悩や葛藤を抱いていたかである。そこで『実録』を読んだ4人の識者(半藤一利、保阪正康、御厨《みくりや》貴、磯田道史)が、天皇の視点から新しい昭和史を紐解いたのが、『「昭和天皇実録」の謎を解く』である。『実録』は約1万2000ページにも及ぶ大作なので、すべてを読むのは難しいかもしれない。そこで、まずは『実録』の入門書ともいえる本作品を読み、昭和天皇の波乱に富んだ生涯の一片を垣間見るとよい。

描写や行間から昭和天皇の「思い」を知る

4人の識者のうち、半藤一利についてはすでにいくつもの著書を紹介しているので割愛するが、他の3名も昭和史の知識と経験が豊富な名うての面々である。

「昭和史を語り継ぐ会」を主宰するノンフィクション作家の保阪正康は、『昭和史入門』『昭和陸軍の研究』上下巻など、昭和史に関する著作を多数刊行している。東京大学名誉教授、東京大学先端科学技術研究センター客員教授、政治学者の御厨貴は『知の格闘――掟破りの政治学講義』『天皇と政治――近代日本のダイナミズム』など、政治に関する著作をいくつも刊行しているほか、TBSテレビ『時事放談』の司会を務めている。そして最年少の磯田道史は、『天災から日本史を読みなおす』『武士の家計簿』などを刊行した歴史学者で、NHKBSプレミアム『英雄たちの選択』の司会も務める。

4人の識者は『実録』の登場に胸を躍らせ、それぞれ喜びを口にしている。

半藤「自分の生きているときに、このような快事に遭うとは思ってもいませんでしただけに、『人間、やっぱり長生きするものだ』とほんとうに感激しました」

磯田「『実録』の公表に立ち会えたことに、私は歴史学者として震えるほどの感動を覚えています」

誰もが歴史的記録に触れることができるのが『実録』最大の魅力であり、これまで膨大な史料を読み込んできた識者ですら感動を覚える名著であるということを、まずは伝えておきたい。

そして「おわりに」では、保阪正康が『実録』を読んだ感想を次のように述べている。

第一は、宮内庁書陵部が編んだだけあって、さすがに多くの史料・資料が使われているという驚きであった。天皇側近が公務として日々書き込む記録、文書がふんだんに使われているので、「民（アカデミズムやジャーナリズム）」の描いてきた昭和天皇像とは異なるとの実感である。もとより、「官（国）」が描く天皇像が「民」と同じということはありえない。昭和天皇の姿を「国家」といった枠組みで捉える以上、そこに憶測や推量を持ち込むわけにはいかないからだ。

『実録』は「官」としての天皇を描いているため、文章にも抑制が働いており、相応の配慮をしているのだ。また保阪は、次のようなことも述べている。

第二は、奇妙な表現になるが、「昭和天皇は生きている」との感がしてならなかったという点だ。この『実録』のさりげない描写や行間から、昭和天皇の息づかいや生身の肉声が聞こえてくるように思えた。

とくに在位前半は、太平洋戦争に至るまでの経過、終戦に向けての工作、連合国による占領支配など、有史以来初の出来事に見舞われ続け、その行間から苦悩や葛藤を感じ取ることができる。

昭和天皇は「天皇機関説」に賛同していた!?

『実録』は「通説を覆すような記述はない」とされているが、それでも昭和史の新たな側面を垣間見ることができる。

大正10年（1921）、当時皇太子だった昭和天皇は欧州を訪問し、第一次世界大戦の激戦地だったヴェルダンの戦場跡を訪ねた。そのとき、「戦争というものは実に悲惨なものだ」という感想を漏らされたという。天皇が平和を希求し、戦争に対して懊悩していたことが改めてうかがえる。

また即位早々に張作霖爆殺事件が起き、時の首相だった田中義一に辞表を出させた出来事があったが、田中は辞職後、3カ月足らずで病没してしまう。天皇はその責任を痛感し、その後は自分の意に沿わない方針に対しても、一切口を挟まないようになる。だがこれが、天皇の葛藤を増幅させる要因のひとつとなった。なぜなら、天皇が自分に縛りをかけた結果、軍部が好き放題やり始めたからだ。

そして、憲法学者の美濃部達吉が主張した「天皇機関説」については、天皇自身が機関説に賛同していた旨が記されている。それどころか「天皇機関説排撃のために自分が動きのとれないものにされることは迷惑であるとの御感想を述べられる」という記述まであり、天皇機関説の排撃が「迷惑」だったことが明らかになっている。

このように、『実録』には自分の意思を極力表に出さないように努める一方で、心の内をそっと側近に述べる昭和天皇の姿が描写されている。ただし、信頼していた老臣が殺傷された二・二六事件については怒りの意思を示し、「真綿にて我が首を絞めるに等しい行為である」とまで述べている。そして仮眠しか取れないような状態で事件に対処し、「非常な御不満を示され御叱責になる」という記述まである。

他にも、十五年戦争の始まりとなった満州事変を、新聞の号外で知ったというエピソードがある。満州を領有しようとする機会をうかがっていた関東軍は、天皇の統帥命令を経ないまま攻め入ったのだ。

開戦直前には、主戦派の陸軍大将の東条英機を首相に据えたが、これは「天皇に忠実だった東条の方がコントロールしやすい」という木戸幸一内大臣の思惑があった。天皇も

「虎穴に入らずんば虎児を得ずだな」という有名な言葉を残しているが、これも『実録』に記されている。

『昭和天皇実録』には、こうした天皇にまつわるエピソードが膨大に記されている。一方で、戦時中にもアメリカ第16代大統領リンカーンの像を居室に飾っておくなど、細かい描写から昭和天皇の知られざる御人柄がうかがえるのも、『実録』の魅力といえる。

総合・戦争検証 ②

昭和史 1926▶▶1945

昭和の始まりから終戦までを、授業形式の語り下ろしで述べたベストセラー。単に歴史的な出来事を紹介するのではなく、なぜ日本人は戦争という道へ走ったのか？「底なしの無責任」がもたらした有史以来最大の危機を、わかりやすく説明する。

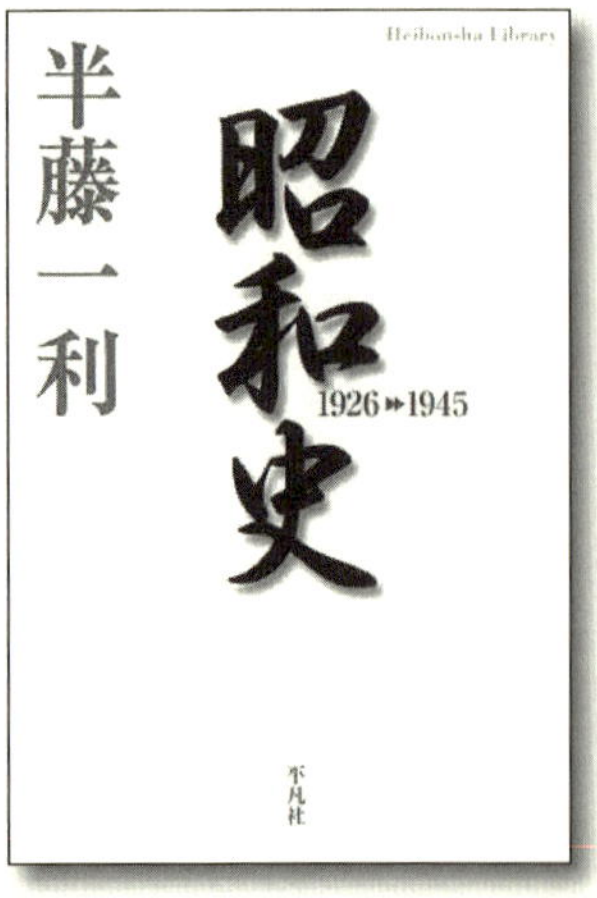

半藤一利（著）
平凡社ライブラリー

半藤作品の決定版として読み継がれる一冊

半藤一利はこれまでにいくつもの昭和史に関する著作を残した「昭和史の語り部」ともいうべき存在だが、その集大成といえるのが、平成16年（２００４）に刊行された『昭和史』シリーズである。ここで紹介する「戦前・戦中篇」のほか、昭和20年（１９４５）から昭和64年（１９８９）までを取り上げた「戦後篇」がある。

本作は授業形式の語り下ろしを収録・編集したもので、昭和史をほとんど学ばなかった世代からも「わかりやすい」と好評を博した。平成18年（２００６）には毎日出版文化賞の特別賞を受賞し、ＣＤ版も発売されている。

戦前・戦中篇では、日本人の精神構造には何が欠けていたのか、日本人はなぜ戦争をするのか、日中戦争から太平洋戦争の時代を検証し、「底なしの無責任」がもたらした悲惨とは何かを問い、未来を選び取るために考えることの重要性を訴えている。収録は１回１時間半（ときに2時間超）、月に一度（後半は二度三度）の頻度で、平成15年（２００３）４月から12月にかけて行われた。

あとがきで、半藤は歴史の連鎖について、次のように語っている。

「大事件は氷山の一角で、下にはいくつもの小事件が隠されている。突如、事件が起きるというものではなく、時間をかけて、連鎖的にゆっくり形づくられてきた幾つもの要因があり、それらがまとまって大事件として噴出してくる。ある時点での人間の小さな決断が、歴史をとんでもないほうへと引っ張っていくこともある。それを語らなくては歴史を語ったことにならない。むずかしさはそこにある」

大正天皇が崩御し、元号が「昭和」になってから終戦を迎えるまでの20年には、大小さまざまな事件・事故・出来事が起きている。それらが連鎖反応を起こし、融合し、呼応することで、歴史が動いていったのである。

半藤は、日本の近代史をほぼ40年ごとに区分けしている。最初の40年は、幕末の慶応元年（1865）から日露戦争が終わる明治38年（1905）までを指す。富国強兵と殖産興業で背伸びした近代国家建設を行い、ついには日清・日露戦争で大国を撃破し、強国の仲間入りを果たした。

ところが大正・昭和になると「自分たちは世界の強国だ」という意識が強まり、うぬぼれ、のぼせるようになる。政治的指導者も軍事的指導者も、根拠なき自己過信に陥っていたのだ。そして世界の強国を相手に戦争を仕掛け、国を滅ぼしていったのである。

続く40年で日本は戦後復興・高度成長を果たし、世界有数の経済大国となった。ところが、またいい気になった結果、繁栄の時代が泡のようにはじけ、再び低迷の時代に入ったまま、現在に至っている。

昭和史の20年がもたらした5つの教訓

半藤は『昭和史』において、昭和史の20年が生んだ「5つの教訓」を示している。

第1の教訓は、「国民的熱狂をつくってはいけない、その国民的熱狂に流されてはいけない」ということである。海軍大将の米内光政はこの時代を〝魔性の歴史〟と呼んだが、日本人が大いに熱狂した20年でもあった。

例えば、十五年戦争の幕開けでもある満州事変では、新聞各社がこぞって関東軍を擁護している。これは、煽ったほうが新聞の売れ行きがよかったからだ。現在では左寄りといわれる朝日や毎日も、当時は競うように関東軍の快進撃を報じ、讃えていた。こうした世論の後押しを受け、満州国の建設、そして国際連盟からの脱退と、日本は世界から孤立する道を歩んでいった。こうした経緯を踏まえ、半藤は「昭和がダメになったのは、この瞬間だというのが、私の思いであります」と述べている。

軍を統帥する立場にある昭和天皇も、戦争を止めることはできなかった。『昭和天皇独白録』には、天皇が「私が最後までノーと言ったならばたぶん幽閉されるか、殺されるかもしれなかった」と述べたことが記されている。

第2は、「最大の危機において日本人は抽象的な観念論を好み、具体的な方法論を検討しようとしなかった」ことである。日本人は、自分にとって望ましい形の設計図を描くことに長けており、「物事は自分たちが希望する方向に流れていく」という、きわめて自己中心的な考え方を持っていた。

太平洋戦争前夜に出された戦争終結の腹案では、「ドイツがヨーロッパで勝利すれば、アメリカは戦争を続ける意志がなくなり、日本に優位な形で講和を結ぶことができる」という見通しになっていた。さらに「アメリカ海軍が日本近海に来るので、そのときに迎撃して撃滅する」という計画を本気で立てていた。日本は、ドイツの勝利とアメリカの意気消失ありきで戦争のビジョンを描き、さらに海戦でも「アメリカ海軍が日本近海に来る」という、あるかどうかわからないことを前提にして、作戦を考えていたのだ。

こうした考えをするようになった背景には、他国に対する思い上がりがある。「中国大陸に進出すれば、蒋介石は降伏する」「真珠湾を攻めればアメリカは観念する」「ソ連は攻めてこない」といった根拠のない見くびりが、軍中枢部や指導者の間で蔓延し、敗戦を招く一因となったのである。

自己過信に陥っていた日本の指導者たち

そして第3の教訓に、「小集団エリート主義が生んだ弊害」がある。陸軍では陸軍大学校を卒業した少数派のエリートが幅を利かせ、とくに参謀本部作戦課は、陸軍内でも絶対的な権力を有していた。ちなみに海軍では軍令部の作戦課が中枢として機能していた。

こうしたエリートたちは、他の部署の人間が貴重な情報を得ても、一切認めようとしなかった。都合のよい情報だけに目を向け、都合が悪い情報は無視していたのだ。これでは、正しい情報分析などできるわけがない。「敵を知りて己を知れば百戦危うからず」という孫子の言葉があるが、昭和陸海軍のエリートたちは、それとはまったく逆のことをやっていたのだ。

4番目は、「降伏文書の調印をもって戦争は終結する」という国際的常識を、日本人がまったく理解していなかったことだ。日本側は「ポツダム宣言を受諾すれば、戦争は勝手に終わる」と考えていたが、この盲点をつき、玉音放送のあともガンガン攻め入ってきたのがソ連である。領地などの〝旨味〟を少しでも多く手に入れるため千島列島や満州に攻め込み、残留孤児やシベリア抑留などの問題が生まれてしまった。

そして第5の教訓は、「何かが起きたとき、その場しのぎの対策でごまかすのではなく、大局観をもって検討する」ということである。昭和史では、何か問題が起きても対症療法的な対策しか打たず、広い視野で物事を見る大局観を持った人物がほとんどいなかった。

例えば、アメリカからの石油供給がストップしたあと、日本は石油資源を獲得するため南方に進出するが、結局はその場しのぎの対策でしかなかった。また、日本は米英ではなくドイツと手を組んだが、ドイツとの関係強化がどれほどの国益をもたらすのか、まともに検討したことはなかった。日本人はドイツ人に近いアイデンティティーを有していたが、ただそれだけでドイツに近づいていったのだ。

本作品では、歴史的な事実を紹介しながら、なぜそのような事態に至ったのかを詳しく、そしてわかりやすく説明している。国民的熱狂の危険、広い大局観の欠如など、本作で記された5つの教訓は現在もなお生き続けており、同じ過ちを繰り返さないためにも、読んでおきたい一冊である。

総合・戦争検証 ③

昭和陸海軍の失敗

彼らはなぜ国家を破滅の淵に追いやったのか

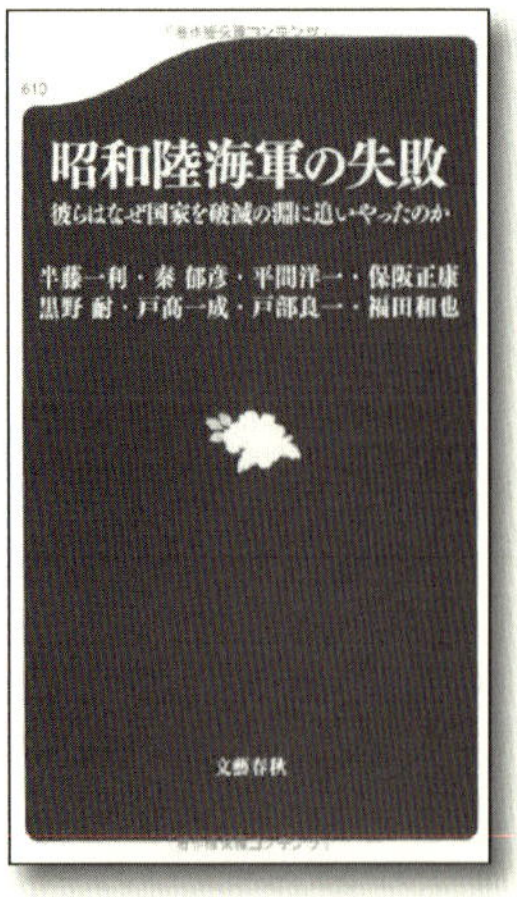

半藤一利・秦 郁彦・平間洋一
保阪正康・黒野 耐・戸髙一成
戸部良一・福田和也（著）
文春新書

昭和の陸海軍人を語ることから見えてくる、日本型組織の弱点や敗戦の原因を検証した一冊。半藤一利ら識者8人が、座談会形式で検証していく。エリートたちはどこで大局を読み違え、失敗したのか。帝国軍人の栄光と挫折に迫る。

誤っていた陸軍大学校のエリート育成教育

日本はなぜ無謀な戦争の道へと突き進み、そして戦争を回避できなかったのか？　半藤一利ら識者8人が座談会形式で論じているのが、『昭和陸海軍の失敗』である。『文藝春秋』の2007年6月号「昭和の陸軍　日本型組織の失敗」、同8月号の「昭和の海軍　エリート集団の栄光と失墜」をまとめたもので、昭和の陸海軍の軍人から日本型組織の弱点を語っている。

前半の第1部では、陸軍について語っている。軍縮を主導した宇垣一成《かずしげ》から東条英機、石原莞爾《かんじ》、栗林忠道、阿南惟幾など、陸軍軍人にスポットを当てつつ、陸軍大学校（陸大）出のエリートが国家を破滅の淵に追いやった過程を解説している。

維新以来、陸軍は長らく長州閥が牛耳ってきたが、昭和に入ると皇道派（天皇親政の下での国家改造を目指す）、統制派（軍内の規律統制を尊重する）と呼ばれる派閥が台頭する。皇道派の軍人には荒木貞夫や真崎甚三郎、小畑敏四郎ら、統制派の軍人には永田鉄山や東条英機などがいた。ちなみに、統制派の中には軍内の派閥行動に否定的な者もいたので、

「非皇道派」という向きもある。

エリート将校の中でも、突出して優秀だったのが統制派の永田鉄山《ながたてつざん》だった。陸軍士官学校を首席、陸大も2位に卒業し、「将来の陸軍大臣」と評された。広い視野と先見の明を持った人物だったが、皇道派の相沢三郎中佐に斬殺されてしまう。永田の死後、皇道派の統制派の争いが激化し、二・二六事件、さらには太平洋戦争へと至ったわけだが、東条英機の側近だった鈴木貞一《ていいち》は戦後、「もし永田が生きていれば、東条が出てくることもなく、太平洋戦争も起きなかっただろう」と追想している。

また識者たちは、エリートを養成した陸大の人材育成の誤りについても指摘している。日露戦争までは、実戦を想定した戦術を叩き込むのに多くの時間が割かれていたが、日露戦争後は高級参謀・指揮官の基礎を養成する教育課程をつくらなかった。その結果、国際的常識が欠けた者が軍の首脳となり、日本をミスリードしていったのである。

さらに、陸大では上からいわれたことだけをするよう教育され、頭が固くなり、前例を尊重する融通が利かない人たちがエリートとして台頭するようになった。ノンフィクション作家の保阪正康は、「今の日本の官僚機構が抱えている慣例主義、前例踏襲主義に通じるものが見えますね」と座談会で述べている。

そしてもうひとつ、陸大教育で誤っていたのが兵站《へいたん》（物資の配給・整備、兵員の展開・衛生、施設の構築・維持など）を軽視していたことである。物資は基本的に現地調達で済ませていたが、その結果、太平洋戦争陸軍戦死者の7割が飢餓で亡くなっている。本当の敵は海の向こうの国ではなく、味方の中にあったのかもしれない。

責任を問われなかった陸軍のエリート参謀たち

昭和期のエリート軍人の多くは、日露戦争でも本格的に出征していない「戦争を知らない世代」だった。そのため、過度の功名心に支配され、しばしば〝暴走〟していた。

だが中には、栗林忠道、今村均、本間雅晴ら〝良識派〟の軍人がいた。彼らはそれぞれ戦地で活躍しているが、軍の中枢にはほとんど入っていなかった。その理由はさまざまあるが、栗林、今村、本間に共通していたのは、アメリカやイギリスを知っているという点である。当時の陸軍軍人はドイツへ留学するのが主流だったため、彼らは英米に渡った時点ですでに主流から外れていたのだ。

その一方で、失敗した人たちが責任を問われることもなく、繰り返し中枢に登用され続けた人たちもいた。その代表例といえるのが服部卓四郎と辻政信で、2人とも幼年学校から士官学校を経て陸大を出た、生粋のエリートであった。

関東軍の参謀としてノモンハン事件を主導したが、さして重大な責任を問われることもなく、ほとぼりが冷めると中央に戻されている。そして参謀本部に属し、今度は太平洋戦争を主導する。服部はガダルカナル島の作戦で2万5000人の兵を失う大失態を犯しているが、それでも1年足らずで作戦課長に戻っている。こうした面々が参謀を牛耳っていたのも、敗因のひとつであった。

統一した戦争指導ができなかった陸海軍

一方、海軍は陸軍以上のスーパーエリートで占められた組織だった。海軍兵学校は少数精鋭の教育が施されたが、それゆえに陸軍以上に人間関係が濃密だった。海外体験が多く、陸軍に比べると開明的な人物が多かったが、それでも太平洋戦争で敗れ、列強海軍と並び立つ存在だった連合艦隊は奮戦むなしく崩壊した。

海軍が敗れた最大の敗因といえるのが、「艦隊決戦への固執」である。日露戦争の日本海海戦ではロシアの強大なバルチック艦隊を撃破しているが、その大きすぎる成功体験が、海軍首脳部の考えを硬直化させたのである。

日本海海戦勝利の立役者だった東郷平八郎元帥の存在も、日本海軍に弊害をもたらしている。東郷は「百発百中の砲一門は能く百発一中の敵砲百門に対抗し得る」という言葉を残しているが、ここから「数が足りなくても訓練や精度のいい兵器があれば勝てる」という考えが蔓延し、日本海軍を毒してしまった。こうして艦隊主義ができ上がっていったのだが、太平洋戦争では航空力が戦いのカギを握るようになり、戦艦「大和」や「武蔵」はほとんど活躍できないまま、海の藻屑と消えてしまった。

また海軍でも、良識派は孤立する傾向にあった。海軍では米内光政、山本五十六、井上成美が良識派の〝三羽ガラス〟だったが、この3人をもってしても、戦争へ至る流れを変えられなかった。3人が中央から去ると、一気に日米開戦へと向かっていった。

こうして真珠湾攻撃を皮切りに太平洋戦争が始まるが、アメリカ太平洋艦隊の空母を沈没させるまでには至らなかった。南雲忠一《なぐもちゅういち》率いる第一航空艦隊は戦艦4隻を撃沈したが、第2次攻撃は行わなかった。連合艦隊の司令長官だった山本五十六も、「南雲はやらんだろう」と再度の攻撃命令は出さなかった。南雲は水雷戦のエキスパートだが、航空を扱ったことはほとんどなかった。

その後、ミッドウェー海戦の大敗での敗因もまた人事にあった。ミッドウェー侵攻直前に大幅な人事異動を行い、結果的に事情を知らない面々が、ミッドウェーに進撃する形になった。しかも、この人事異動は特別なものではなく、春の定期的なものであった。こうしたお役所的なやり方が、犠牲者を増やす要因となった。

本作品では陸軍と海軍それぞれの敗因を述べているが、太平洋戦争最大の問題として、統一した戦争指導がされなかったことを挙げている。陸軍と海軍の縄張り争いが熾烈をきわめ、とくに海軍は陸軍に呑み込まれる恐怖から、必要以上に陸軍を敵視していた。その結果、前線で陸軍に食糧を分けないなどの問題が生じた。

また、識者たちは太平洋戦争の敗因について、「戦時だけでなく、現代社会でも通じる問題」と断じている。同一性が強い集団主義は日本人の長所で、それが企業や組織の成功へとつながっている。しかし、一歩間違うと組織そのものを滅ぼす危険性があることを、日本人は肝に銘じておく必要があるのだ。

総合・戦争検証④

なぜアメリカは、対日戦争を仕掛けたのか

太平洋戦争開戦に至る経緯を、日本とアメリカ双方の視点から描いた戦争検証本。開戦までのレールを周到に敷いたルーズベルトと、それに気づかずに踊らされた日本政府の姿を、時系列的に対比させながら描いていく。

加瀬英明
ヘンリー・S・ストークス（著）
祥伝社新書

アメリカの思惑から日米戦争の本質を知る

戦記文学は日本側の視点で書かれたものが多いが、一方で、アメリカからの視点で書かれた作品もある。その中で、日米両国の記録を用いて、日米開戦に至るまでの経緯を時系列的に検証したのが、『なぜアメリカは、対日戦争を仕掛けたのか』である。

本作は『ザ・タイムズ』紙や『ニューヨーク・タイムズ』紙などの東京支局長を務め、作家・三島由紀夫ともっとも親しかった外国特派員として知られる、イギリス出身の記者ヘンリー・S・ストークスと、外交評論家の加瀬英明が共著として名をつらねている。

先の大戦については、さまざまな意見や考えがあるが、ストークスは「アメリカはペリーの浦賀来航以来、傲る白人優位主義と、キリスト教世界観に駆られて、日本を屈従させようとしてきた」と論じている。また加瀬は、本作において「日本が先の大戦中にアジアの諸民族を解放したために、その高波がアフリカ大陸をも洗って、アフリカ諸民族もつぎつぎと独立していった」と述べている。

第一部は「アメリカに強要された日米戦争の真実」と題して、アメリカ第32代大統領のフランクリン・ルーズベルトが日本を戦争におびき寄せるまでの過程が記されている。まえがきにおいて、加瀬は本作の大意を次のように述べている。

日本が侵略国家であって、その責任を一方的に負わねばならないのだろうか。日本は昭和16年（１９４１）12月に、アメリカ、イギリス、オランダに対して開戦したが、はたして日本が加害者であって、米英蘭の三カ国と、その植民地支配を被っていたアジア地域が、被害者だったといえるのだろうか。

あの戦争へ導いた歴史を、公平に検証すれば、アメリカが日本に対して仕掛けた戦争だった。

ルーズベルトは比較的早い段階から日本に敵対する政策を打ち出しており、日華事変（日中戦争）が始まると親友に民間の「中国援助事務所」を設立させ、蒋介石政権に多額の資金を提供している。そもそもアメリカは他国の紛争に介入しないモンロー主義（孤立主義）を掲げていたが、ルーズベルトは日本、ドイツ、イタリアを危険な疫病患者になぞらえた「防疫演説（クアランティン・スピーチ）」をするなど、中立的な視点で国際情勢を見ていたとは、とても思えないフシがあった。

そしてルーズベルト政権は、軍需物資を輸入に頼らなければならない日本の弱点をつき、対日輸出を禁じるようになる。昭和13年（1938）、アメリカの製造業者と輸出業者に対し、日本への航空機と部品などの輸出を禁じるよう要請する。さらにイギリスやオランダなどと結託し、石油やゴムといった天然資源の対日輸出を停止させた。輸出が停まったという報告を受けたとき、ルーズベルトは「これは、最高のバースデーギフトだ」といって喜んだという。

またアメリカは、日本の暗号解読にも精力を注いだ。昭和15年（1940）には日本の外交暗号のほとんどと、日本海軍の暗号の一部を解読するのに成功し、これ以降、アメリカは日本政府の動きを手に取るように知ることができたのである。

日米戦争の原因のひとつとなった人種差別

そもそもアメリカが日本を戦争におびき寄せたのは、ヨーロッパの戦争に入り込みたかったからだ。ヨーロッパではドイツが快進撃を続け、イギリスが孤立無援の戦いを強いられていた。だがアメリカにはモンロー主義（孤立主義）があり、戦いに参加する障壁となっていた。そこで日本と戦争を始めることで、ヨーロッパの戦争に裏口から入ろうとしたのである。そのため、日本がドイツ、イタリアと三国同盟を結ぶと、ルーズベルトは「これで、日本をわれわれとの戦争に誘い込める」と喜んだという。

一方、日本はルーズベルト大統領の思惑も知らないまま、ドイツとの共闘態勢を深めていく。ただし、昭和天皇は三国同盟が対米戦争を引き起こすのではないかと懸念し、「まことに、自分は心配だ。万一、日本が敗戦国となった場合、いったいどうだろうか？」と案じていたという。

三国同盟の締結後、アメリカは対日戦争の準備をひそかに進めていく。アメリカ陸海軍の合同委員会は日本の本土を爆撃するための計画を練っていたが、戦争末期になると「日本の都市の家屋は、すべて軍需工場である」と言いがかりをつけ、都市への無差別攻撃を行うようになる。さらに終戦直前には広島と長崎に原子爆弾が投下されたが、こうした攻撃が行われた背景には、有色人種に対する差別感情があった。

ルーズベルト大統領は激しい人種差別感情の持ち主で、スミソニアン研究所で働く文化人類学者を招いて、「日本人全員を、温和な南太平洋の原住民と強制的に交配させて、無害な、やる気がない民族につくり替える計画をたてたい」と語ったこともある。これはさすがに実行には至らなかったが、日米戦争が始まると日系人の財産を没収し、有刺鉄線に囲まれた強制収容所に送っている。

終戦後、「戦争犯罪人」として日本の指導者などを裁いた極東国際軍事裁判（東京裁判）では、さまざまな国の判事が意見を述べているが、その中には人種差別に関するものもある。例えば、オランダのバート・V・A・レーリンク判事は、次のように述べている。

「人種差別が、太平洋戦争の主因の一つだった。連合国の国民は、日本人を人間以下とみなすように教育されていた。広島、長崎で数十万人を、一瞬のうちに焼殺したのも、人間ではないと感じたから、できたのだった」

ルーズベルトは昭和20年（1945）4月12日に亡くなったが、大統領職を継いだトルーマンも、終戦後に連合国軍最高司令官総司令部を務めたダグラス・マッカーサーも、人種差別主義者だったと本作品では述べられている。太平洋戦争において、アメリカがどのような思惑で行動していたのかを理解することができる。

ペリーの来航が民族解放の契機になった⁉

第二部では「ペリー襲来から真珠湾への道」と題して、ヘンリー・S・ストークスが100年にわたるアメリカの〝野望〟を述べている。

あとがきにおいて、ストークスはペリー提督について次のように述べている。

「ペリーが日本に来航し、日本を立ち上がらせたことで、アジア全土で、アジアの人々に独立を果たさせる結果を招いた。欧米白人による植民地支配が終焉を遂げた。被支配民の希望が実現された。白人にとっては、まさに、ペリーはパンドラの箱を開けたのだった」

嘉永6年（1853）、ペリーは4隻の黒船を率いて浦賀に来航し、鎖国を続けていた日本が開国するきっかけをつくった。そこから日本は富国強兵を進めて世界の強国にのし上がり、大東亜戦争を機にアジア・アフリカで多くの独立国が生まれた。そこから、ペリーが「パンドラの箱を開けた」と表現しているのだ。本作では大戦の後に独立したアジアの国々の事例を述べながら、日本が〝民族解放〟にいかに貢献したかが述べられている。

他にも、「昔のアメリカ人は日本の江戸時代にひどい偏見を持っていた」というエピソードが記されている。江戸は世界一の都市として繁栄し、治安もよく、教育システムも完成されていた。実際に日本へ渡ったペリーも「日本はいつの日か、他国の追随を許さない産業国家として台頭しよう。彼らの手先は、あまりにも器用だ」と語っているが、それでもアメリカ人はひどい偏見を持っていたのである。こうした姿勢が、人種差別をもたらしたともいえる。

本作は、通説では語られていないエピソードも多数収録されており、国際政治の非情さとそれに対応できなかった日本の姿を見ることができる。

第3章
陸軍

陸軍①

インパール兵隊戦記

歩けない兵は死すべし

太平洋戦争において最大級の悲劇とされるインパール作戦を、下級兵士の視点から描く。無謀な作戦の下、極限の状況に追い込まれた兵士たち。彼らは一体何を思い、行軍したのか。行間に怒りをにじませながら記述した、渾身のノンフィクション。

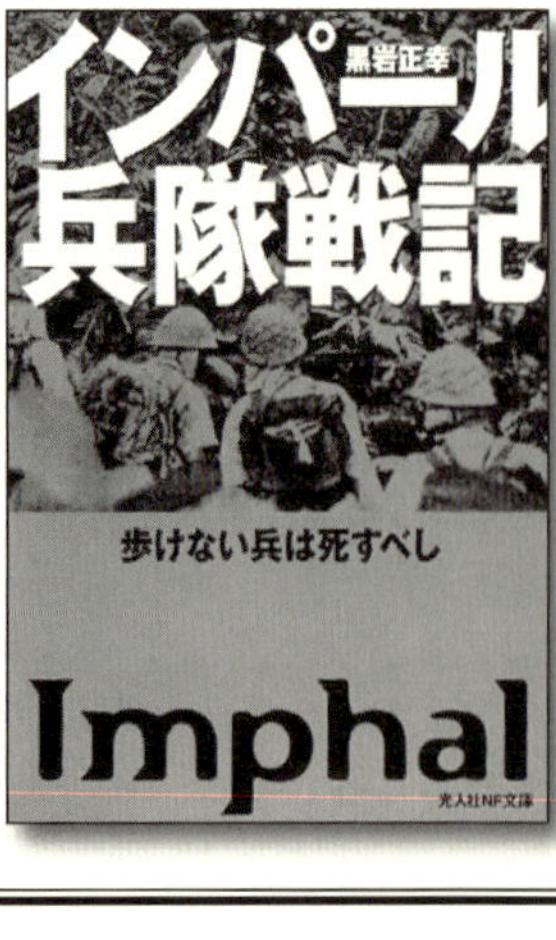

黒岩正幸（著）
光人社NF文庫

下級兵士の立場からインパール作戦を描く

インド北東部の都市インパールを攻略するため、昭和19年（1944）3月から7月初旬にかけて展開されたのが「インパール作戦」である。約6万の日本兵がビルマ（現在のミャンマー）の西北部サゲイン州の奥地に投入され、その大半が帰ってこなかった。あまりに無謀な作戦だったことから、太平洋戦争でも最大級の悲劇とされている。

インパール作戦についてはさまざまな戦史・戦記があるが、なかでもノンフィクション作家の高木俊朗は、『イムパール』『抗命』など、インパール作戦に関する著書を多数出している。これらの著書で、高木はインパール作戦の悲惨さと陸軍指導部の無能ぶりを糾弾しているが、彼は実際に作戦に従軍したわけではない。「リアルな体験談」を知りたいのであれば、『インパール兵隊戦記』を読んでみるとよい。

著者である黒岩正幸は、実際に下級兵士の立場でインパール作戦に参加した元陸軍兵士である。作戦では多くの兵が戦死し、退却に転じてからは飢えや病気に苦しめられたが、犠牲者の8割は下級兵士だった。そのため、下級兵士の立場から書いた本作品では、凄惨極まりない退却劇が、行間に怒りを含ませながらつづられている。戦後40年近く経ってから『自決命令―インパール兵隊戦記』として刊行され、平成16年（2004）に『インパール兵隊戦記―歩けない兵は死すべし』と改題して発売された。

インパール作戦を考案した牟田口廉也中将

インパール作戦を考案したのは、第15軍司令官の牟田口《むたぐち》廉也である。盧溝橋事件では中国軍への攻撃を命じた人物で、昭和の陸軍軍人の中でもとくに評判が悪い。例えば、戦史研究家の土門周平は「上司に命じられたことはただ従えばよいとする発想は、師団長にはふさわしくない」と手厳しく批難している。

昭和史の生き字引である半藤一利も牟田口を愚将と見なす一方で、『昭和史 1926－1945』では、彼が独断的で野心的だった理由についてこう述べている。

「（牟田口は）酒にも女にも強い軍人らしい軍人と非常に有名でしたが、実は皇道派と目される人だったのです。自分では陸軍中央にいて当然のごとく出世街道を歩くはずが、二・二六事件後の人事刷新で、戦争の起きていない中国の天津軍などという安穏なところに送られたのは、彼にいわせれば「左遷」であり非常に不満だったのです。当時四十八歳、何か殊勲を上げて、飛ばされた無念を晴らしたいという思いがまだあったのではないでしょうか」

インパール作戦が行われた当時の日本軍は、すでに各地で敗戦を喫し、戦線の後退を余儀なくされていた。牟田口が司令官となった第15軍も、ビルマを守るのが本来の任務であった。ところが牟田口は、功名心にかられて無謀極まりない作戦を実行に移してしまったのである。当然ながら、作戦に反対する者もいた。だが牟田口は反対意見を容れず、前線の師団長を次々と更迭し、作戦を続行して多くの兵を死に追い詰めた。

ちなみに、作戦が失敗に終わったあと、牟田口は部下に「陛下へのお詫びに自決したい」と相談している。だが部下に「黙って腹を切ってください。誰も邪魔したり止めたり致しません」といわれ、結局自決をしなかった。最初から自決をする気などなかったようだ。戦後も「作戦は間違っていなかった。烈兵団が命令どおりに行動しておれば勝てたのだ」と主張し、亡くなるまで兵士たちに謝罪することはなかった。

こうした経緯もあり、本作品でも牟田口中将に対しては辛辣な描写でつづっている。例えば、次のような記述がある。

牟田口中将は前線には食糧を送らず、全軍を飢えさせていたのに、「我に五十頭の豚あり」と言って、インダンギーの戦闘司令所に、おのれのための大量の食糧を持参して乗り込んだという。

上官には絶対服従というのが軍隊の掟だが、前線では「牟田口をぶち殺すまでは、死んでも死にきれぬ」と叫んだ将兵が少なくなかったという。著者も「死者をむち打つなというが、憤死した私たちの戦友が浮かばれるまでは、（牟田口は）むち打たれる人である」と述べている。

無論、インパール作戦の失敗は牟田口1人だけの責任ではないが、彼が司令官を務めていなければ、死ななかったであろう人はたくさんいたはずだ。

非情極まりない命令「歩けない兵は死すべし」

本作品の著者である黒岩正幸は、独立輜重《しちょう》兵第二連隊第三中隊に属し、食糧や弾薬を補給する輸送の役割を担っていた。当時の日本軍には空輸力がなく、ジャングルや急峻な地を徒歩で移動するしか手段がなかった。そのため、物資の輸送が厳しくなり、日本軍の崩壊を招く一因にもなっている。

横暴な下士官や古参兵から理不尽な暴力を受けながらも行軍し、チャイヤンクキという集落にたどり着く。ところが中隊が携行した米が尽き、自力での現地調達を迫られるようになる。食事の量も日に日に減り、兵たちは野草を増やして空腹をしのいでいた。

牟田口中将は「4月29日の天長節までにインパールを占領する」と息巻いていたが、前線では飢えや戦傷などで兵が衰弱し、マラリアにも悩まされるようになる。そして5月末、前線の烈兵団を指揮していた佐藤幸徳中将が独断での撤退を決断する。軍令違反は最悪死罪になる可能性があったが、それでも佐藤は、部下将兵の命を守るため、撤退の決断に至ったのである。

輸送隊第三中隊は烈兵団傷病兵の担架輸送を任されたが、ここからが本当の地獄であった。ジャングルや険しい山道での担架輸送は容易ではなく、敵の襲撃にも備えなければならない。兵たちの精神も徐々に荒んでいき、落伍者も出るようになる。途中で死んだ者を埋めることもなくなり、日本兵の無残に打ち捨てられた姿が目につくようになった。

インパール作戦が始まった頃、著者は7人の同胞とアラカンの天険に咲く桜の花びらを、日本に持ち帰る約束を交わしていた。しかし、その仲間たちも1人、また1人と脱落していく。無事に帰還したとき、著者を除く7人は帰らぬ人となっていた。

そして、絶望の中を行軍する第三中隊に対し、「今後、自力で歩けなくなった者は自決せよ」と、さらに追い打ちをかけるような命令が下される。野戦病院でも歩けない者は自決を強要され、拒んだ者は殺された。部隊の最後尾には後尾収容斑（遅れる兵士を本隊に追いつかせたり、歩けなくなった者に肩をかして連れていく兵士のこと）が配置されたが、彼らは脱落した兵に肩をかさないどころか、自決を強要している。だが実際に自決した兵はほとんどおらず、その多くが後尾収容斑の兵により射殺された。

第三中隊の兵士たちは恐怖心にさいなまれ、著者もマラリアで高熱を発し、ついに自決を決心する。だが銃口をのど元に当て、引き金をひこうとしたとき、不意に母の声が聞こえてくる。著者は我に返り、自決を思いとどまったという。インパール作戦では、生と死がつねに隣り合わせの状況にあったのだ。

筆者はギリギリのところで生き延びることができたが、体重は55キロから30キロ台にまで落ちた。生き残った兵士は皆ほおが痩せこけ、目はくぼみ、生きているのが不思議な様相だったという。インパール作戦では万単位の兵士が犠牲になっているが、第三中隊は作戦参加者４４７名のうち、３１４名が犠牲になった。だが、少尉以上の将校に死者はなく、そのほとんどが下級兵士であった。

陸軍②

ガダルカナル

日本陸軍が攻勢から守勢に転じる契機となったガダルカナルの戦い。補給が断たれ、最後はボロボロになって死んでいった兵士たちの悲劇と、軍参謀による無謀な決断は、後世に語り継がなければならない〝歴史の真実〟である。

五味川純平（著）
文春文庫

戦記文学でベストセラーを生んだ五味川純平

日本海軍はミッドウェー海戦の敗北を機に守勢に立たされるようになったが、日本陸軍のターニングポイントとなったのが、ガダルカナル島の戦いである。

ガダルカナルを題材とした戦記はいくつもあるが、その中でも本作品は、日本軍の戦いぶりを手厳しく書いている。筆者の五味川純平は満州の生まれで、太平洋戦争時には召集を受け、満州東部国境各地を転々としていた。終戦時にはソ連軍が満州へ侵攻したが、五味川は何とか生き延び、昭和23年（1948）に帰国してからは作家として活動するようになった。

五味川の代表作は、自身の従軍体験をもとにして描いた『人間の條件』（全6部）で、1300万部を超えるベストセラーとなった。同作は全6部で映画化（主演・仲代達矢）もされ、総上映時間9時間31分の記録は、ギネスブックにも掲載されるほどだった。

その後も『戦争と人間』『御前会議』『ノモンハン』など、数々の戦記文学を世に送り出しているが、昭和55年（1980）に刊行されたのが『ガダルカナル』である。刊行当時は日本の軍事費増額が問題となっており、選挙の争点にもなっていた。そのため、初版あとがきでは「いままでに行なわれている防衛論が、三十八年前のガダルカナル作戦と根本的に同質の欠陥を含んでいるので、ひどく気になるのである」と、軍事力の増強を求める風潮を憂慮する記述がある。

失敗の繰り返しだったガ島奪回作戦

本作品は昭和17年（1942）8月7日、グアム島の近海から始まる。その前の6月、日本海軍はミッドウェーで主力空母4艦を失う大敗北を喫しており、ミッドウェー環礁とサンド島とイースタン島に対する上陸作戦が中止になった。そのため、作戦に参加するはずだった「一木支隊」はグアム島から帰国することになったが、海軍からの支援要請に応え、ガダルカナル奪回作戦の先鋒を務めることになった。

ところが、大本営陸軍部の首脳や幕僚の大部分は、ガダルカナルに関する情報をほとんど入手していなかった。ガ島はソロモン諸島の南端部に位置する島だが、陸軍部はソロモン方面にさほど興味を示していなかったのだ。当時の大本営陸軍部作戦部長だった服部卓四郎は、『実録太平洋戦争』において次のように述べている。

「大本営陸軍部では、この島に敵が上陸するまで、海軍がガダルカナルに飛行場を建設し、また、一部兵力をこの方面に派遣してあった、ということは、海軍部から何ひとつ聞かされてなく、従ってまったく知らなかったのである」

国家の運命をかけた戦いに挑んでいるにもかかわらず、陸軍と海軍はろくに連携がとれず、情報の共有もできていなかった。そして陸軍部は敵の情報や地勢を重視せず、「白兵戦による突撃作戦を敢行すれば、ガ島を簡単に奪回できる」と考えていたのだ。これは明らかな過信である。

8月18日、一木支隊はガダルカナル島タイボ岬に無血上陸する。このとき支隊に与えられた情報は、「アメリカ軍の目的は日本軍の飛行基地破壊であり、その目的を達成したため、今はガ島からの脱出に腐心している。兵力は2000で、戦意は旺盛ではない」というものだった。だがこれは、明らかな誤認であった。一木支隊はアメリカ軍に突撃したが惨敗を喫し、777名の戦死者を出した。アメリカ軍は一木支隊の上陸を事前に察知しており、戦いに備えて防備を固めていたのだ。

この悲劇は、日本陸軍が敵の戦意と戦力をみくびり、味方の陸海空戦力の連携を怠り、独善に陥ったことで生じたものである。ところが、彼らは失敗を認めず、そこから学ぶことができなかった。その結果、同じ過ちを際限なく繰り返すことになる。

一木支隊の全滅を受け、今度は川口清健少将率いる「川口支隊」が派遣される。9月7日までにガダルカナル島へ上陸し、正面攻撃を避けてジャングルからの迂回攻撃を試みる。だが移動するのに必要な地図はなく、ジャングルを移動するだけで相当な体力の消耗を強いられた。それでも、川口少将は「夜襲ならば、敵の火力がいかに旺盛でも問題はない」と固く信じ、行動していた。

しかし、日本軍にはかつてノモンハンにおいて、何度も夜襲を仕掛けながらも相手の火力に阻まれ、退却を余儀なくされたという経験があった。この失敗を活かすのであれば、もう少し慎重になるべきところだ。だが川口支隊は総攻撃を仕掛けて敗北し、約700名の戦死者・行方不明者を出した。

約1万5000人が餓死・戦病死する

ようやく大兵力の投入が必要だと気付いた軍上層部は、第2師団の派遣を決定する。ところが海上輸送が思うようにいかず、日本軍が砲撃を開始すると、何十倍もの報復砲撃を浴びせられてしまう。そのため、正攻法ではなくジャングルの迂回作戦を取ることになったが、ここでも準備が足りず、行軍は遅々として進まなかった。ちなみに右翼部隊を率いた川口清健少将は迂回攻撃を進言したが、大本営から派遣された辻政信作戦参謀と意見が合わず、行軍の途中で罷免されている。

こうした状況にもかかわらず、第2師団は「ガダルカナルの占領を完了。ツラギ、レンネル、サンクリストバルに転進し、これを占領する予定なり」という旨の電報を大本営に送っている。彼らは占領もしないうちに、「作戦は成功した」と虚偽の報告をしたのである。

このような報告をしたのは、日本軍に「一両日中に飛行場を占領できる」という過信があったからだ。だが何度夜襲をかけても飛行場を占領できず、逆に空襲を受けて将校が多数戦死してしまう。一方、飛行場占領の報を受けて日本海軍の航空部隊が出撃したが、米軍に迎撃されて退散している。

10月26日に作戦の中止が決まり、11月には第38師団を派遣するが、アメリカ軍の防衛体制はさらに強化されており、飛行場に近づくことさえできなかった。結局、第38師団の大船団輸送は失敗に終わり、続いて第51師団を投入したが、これもまた失敗した。そして12

月31日の御前会議で、ガダルカナル島からの撤退が正式に決まった。

だが、敵に囲まれたガ島からの撤退は困難をきわめた。長らく補給が途絶えていたため、ガ島にいた3万人以上の兵のほとんどが疲弊していたのだ。歩124連隊旗手だった小尾靖夫少尉は、当時の様子をこのように記している。

「アウステン山の守兵は腐木のように動かない。屍体は足の踏み場もない。生きているものと、それから腐ったものと、白骨になったものが、枕を並べて寝たまま動かないのだ」

撤退作戦は翌昭和17年（1942）1月下旬から始まったが、撤退するのが難しい傷病兵は自決を強いられた。無事に撤退できたのは1万人余りで、死者・行方不明者は2万人強という大損害をこうむった。そのうち戦闘で亡くなったのは5000名ほどで、残り約1万5000人は餓死・戦病死であった。

ガダルカナル島の戦いでは多くの航空機や輸送船が失われ、海上輸送と軍需生産に深刻な影響を与えた。川口支隊が敗北した段階で撤退を決めていれば、ここまで深刻な被害が生じることはなかった。だが陸軍上層部がいたずらに戦闘を長引かせたことで、このような悲劇を招いてしまったのである。

作中では、筆者の日本軍高級将校に対する怒りの描写が随所に見られる。そこには、兵たちが戦いではなく「飢え」や「病気」で亡くなるやるせなさが表れている。

陸軍③

レイテ戦記

日米両軍が最大級の戦力を投じ、総力をかけて戦ったレイテ島の死闘を、厖大《ぼうだい》な資料や多くのインタビューをもとに再構築した戦記。日米合わせて10万人近くの犠牲を生んだ太平洋戦争の〝天王山〟を、真正面からとらえた名著である。

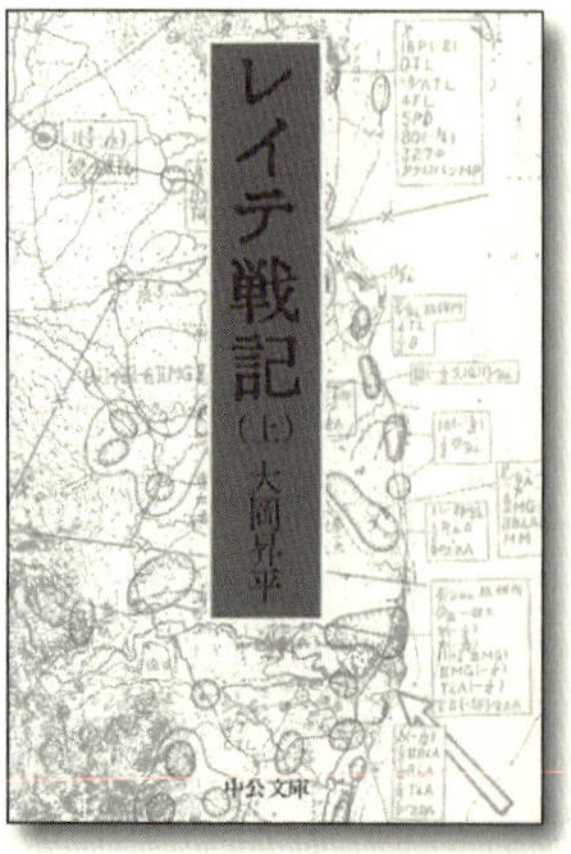

大岡昇平（著）
中公文庫

太平洋戦争の〝天王山〟だったレイテ島の戦い

レイテ島の戦いは、昭和19年（1944）10月から終戦まで、フィリピン・レイテ島及び周辺海域で行われた戦いである。日米両軍が多くの戦力を投じたことから、本書では「太平洋戦争の〝天王山〟」と表されている。

筆者の大岡昇平はフランス文学者として作家活動を始めたが、軍に召集され、フィリピンのミンドロ島で米軍の捕虜になったのを機に戦記文学を書くようになる。戦記文学では本書のほか、『俘虜記』『野火』が有名である。

昭和46年（1971）に刊行された本書は、文庫版（中公文庫）でも上・中・下の3巻に及ぶ大作で、厖大な資料を駆使して日米両軍の死闘を精細かつ巨視的に活写している。そこにはレイテで散った兵士たちに対する、鎮魂の思いが込められている。また、本書ではレイテ島の地名や地勢など、あまりなじみのない言葉が多く出てくる。そのため、巻中・巻末にある地図を見ながら読み進めることをおすすめする。

上巻では、第16師団の出発からアメリカ軍の上陸、レイテ沖海戦、リモン峠の戦いまでを書いている。海軍はレイテ沖で総力決戦に及ぶが、空母4隻・戦艦3隻を失う大敗を喫した。戦艦「武蔵」も、このとき沈没している。だが陸軍地上部隊の戦いは、ここからが本番であった。米軍に制空権を奪われたため、レイテ島への軍需品や物資の輸送は困難をきわめた。ここから想像を絶する困難と苦痛が、兵員たちを待ち受けることになる。

中巻は、レイテ島への輸送・増援作戦（多号作戦）からダムラアン・ブラウエンの戦い、そしてオルモックの戦いから日本軍が壊滅に至るまでの過程を書いている。さらに下巻では、オルモック湾の陥落後、日本軍が転進（敗走）し、レイテ島を撤退する姿が書かれている。その姿はとても悲惨で、食糧は尽き、小銃や剣を捨て、幽鬼のごとき行軍であった。運良く小型船艇に乗ることができても、その大半は米軍により沈没させられている。レイテ戦では約8万4000人の日本兵が投入されたが、そのうち生還できたのは、わずか約2500人（全体の約3％）であった。

最後のエピローグでは、レイテ戦の敗北から日本が無条件降伏するまでの過程を、当時の政治状況やフィリピンの植民地化の過程、日米の資本主義の責任など、幅広い視点から分析しており、筆者のこの作品にかける思いが伝わってくる。

第4章 海軍

©Corbis/amanaimages

海軍①

トラトラトラ 太平洋戦争はこうして始まった

アメリカの歴史学者が日米当事者へ数千回に及ぶインタビューを行い、真珠湾攻撃作戦の全容に迫った戦史。日本軍がなぜ奇襲という手段に出たのか、そしてアメリカ軍は真珠湾の攻撃を防げなかったのか。その謎を解き明かす。

ゴードン・W・プランゲ（著）
千早正隆（訳）
並木書房

徹底した取材で真珠湾攻撃に迫る

「トラトラトラ」とは、太平洋戦争の序戦となった真珠湾攻撃において、攻撃隊長の淵田美津雄中佐が、搭乗する九七式艦上攻撃機から第一航空艦隊司令部に宛てて送った電信である。「ワレ奇襲ニ成功セリ」という意味である。

そして、この暗号略号がタイトルになった戦記作品が『トラトラトラ　太平洋戦争はこうして始まった』である。著者のゴードン・W・プランゲ博士はアメリカ出身の歴史学者で、第二次世界大戦に関する著作をいくつも出版している。1980年に亡くなるまでメリーランド大学の教職を務めたが、1942年から1951年までの9年間は軍務につき、太平洋戦争時の階級は海軍少佐であった。終戦後は日本に滞在し、GHQの戦史室長として戦史の編集に携わったが、その過程で軍人や民間人に取材し、真珠湾攻撃を取り上げた戦史『トラトラトラ』が生まれるきっかけとなった。

プランゲ博士の取材は徹底しており、6年弱の日本滞在中に200名以上の関係者を自宅に招いてインタビューしている。しかも1回の取材が少なくとも数時間はかかり、1人に対して何度も取材を行っていた。多いときには1人に対して数十回も取材を行い、数千回のインタビューを重ねて本作を完成させた。まさに渾身の一作である。

取材相手は日米の元軍人など多岐にわたるが、なかでも多年にわたって交流を深め、一緒に日本国内を旅行したこともあるのが、元海軍軍人の淵田美津雄である。淵田は真珠湾攻撃でオアフ島攻撃部隊の指揮官を務め、アメリカ太平洋艦隊戦隊部隊を行動不能にする戦果を収めた。淵田には60回以上もインタビューを行い、手紙のやり取りも盛んだったという。

また、歴史物の執筆の際には入手した資料を徹底的に調べ上げ、項目ごとに分類し、その因果関係を確かめていた。さらに当事者の性格や性向を割り出し、事実に基づく挿話も盛り込み、読者の興味を惹きつけている。

プランゲ博士が本作品の執筆にこれほどの情熱を注いだ背景には、平和に対する思いがある。巻末の「著者の言葉」でも、「日本とアメリカがふたたび戦火を交えることがないのを心から祈って、この書を日本のすばらしい友人たちに最高の敬意と感謝をこめて献げる」と述べている。さらにプランゲ博士は「勇敢な日本海軍の将兵たちと直接会って多くのことを学ぶ機会を得たことは、終生私の脳裏から消えることはないであろう」とも語っている。

本のタイトルが『トラトラトラ』になった理由

『トラトラトラ』は昭和41年（1966）10月に刊行され、当時としては破格の3600円で発売されたが、それでも十数万部を売り上げた。タイトルが『トラトラトラ』だったことを不思議に思った訳者の千早正隆は、プランゲ博士に直接訊いた。すると、博士は次のように答えたという。

ちなみに、本のタイトルが『トラトラトラ』になった経緯については、千早のあとがきに述べられている。

「題名はなかなか決まらなかったが、たまたま出席していた販売担当の重役が『トラトラ』が面白いのではないかと提案した。『トラ』は日本では虎を意味しており、その一語だけで東洋人がやったという意味合いが伝わる。それに山本五十六司令長官が作戦を説得するのに『虎穴に入らずんば虎児を得ず』と言っているのも面白い、ということで決まった」

本作品は反響が大きかったことから映画化もされたが、当初は日本映画界の巨匠である黒澤明監督が、20世紀フォックスと組んで製作する予定だった。ところが意見が折り合わず、黒澤は製作から手を引いた。その後、20世紀フォックスが独自に製作を進め、1970年に『トラ・トラ・トラ！』として公開されている。

戦艦4隻を沈没させたが航空母艦は沈められず

多くの関係者から一次的な証言を得て執筆しただけあって、本作品は非常に濃密な内容となっている。例えば、冒頭で書かれた真珠湾攻撃当日朝の様子も、緊迫感に満ちた描写で描かれている。

昭和十六年十二月八日――この運命の朝、日本艦隊の艦上は緊張につつまれていた。数百時間以上の飛行経験をもつベテランの搭乗員は、恐怖を感じるどころか、むしろ緊張のために身をひきしめていたが、飛行訓練を終えたばかりの若い士官たちは、興奮のいりまじったいささかの恐怖を感じるのを禁じ得なかった。とくに就役したばかりの、翔鶴と瑞鶴に乗組んでいた戦闘未経験の搭乗者たちは神経質になっていた。戦闘前の食事に握り飯を頬ばり、茶を飲んだときでも、ほとんどのどを通らないように感じたほどであった。

アメリカとの戦いを前にして、誰もが緊張の色を隠せなかった。そして、それは上官も同じであった。

真珠湾攻撃で実際に艦隊の指揮をとったのは、第一航空艦隊司令長官の南雲忠一中将である。ハワイ・オアフ島の真珠湾にあったアメリカ海軍の太平洋艦隊と基地を奇襲攻撃しようと提唱したのは山本五十六司令長官だったが、リスクが大きいことから、南雲は反対し続けていた。だが結局は押し切られ、南雲は草鹿龍之介参謀長、攻撃隊長の淵田美津雄、航空参謀の源田実らを率い、昭和16年（1941）11月26日、択捉島の単冠湾《ひとかっぷ》を出港した。しかし、航空畑ではない南雲の不安は払拭されず、草鹿参謀長に「エラいことを引き受けてしまった。きっぱり断ればよかった。出るには出たが上手くいくかな」と内心を語っていたという。

また本作品では、真珠湾でスパイ活動を行った吉川猛夫についても取り上げている。

「森村正」という変名でホノルル領事館に勤め、その傍らで諜報活動に従事していた。彼の活動に関する話の版権は、プランゲ博士が取得したという。

さらに、伊号潜水艦に乗艦して真珠湾に出撃し、太平洋戦争で最初の日本人捕虜となった酒巻和男少尉の動きについても述べられている。他の乗組員が戦死して「九軍神」として顕彰されるなか、酒巻だけがアメリカの捕虜になったことは公表されなかった。

非戦闘員を思いやった昭和天皇

そして12月8日（ハワイ時間で7日早朝）、旗艦「赤城」など6隻の航空母艦を主体とする日本軍はオアフ島近郊へとたどり着く。戦闘機隊による地上攻撃、水平爆撃隊による戦艦爆撃が始まり、戦艦「アリゾナ」「オクラホマ」が立て続けに沈没した。

また本作品では、攻撃を受けたアメリカ側の状況も詳細に記述されている。オアフ島の基地では爆音がとどろき、施設がことごとく破壊された。アメリカ側の戦死者は2338人（うち民間人48）に達した。

こうしてハワイ基地に大損害を与えた日本軍だが、第二次攻撃は行わなかった。源田や淵田、さらに第二航空戦隊司令の山口多聞は攻撃を主張したが、南雲長官はこれを退けた。草鹿参謀長は「真珠湾攻撃の目的は達成された。艦隊は次の作戦の準備をしなければならない」と告げ、艦隊は帰国した。この決断については、「誤りだった」と見る向きもある。

帰国後、真珠湾攻撃に携わった軍人は英雄としてもてはやされた。淵田中佐も故郷の奈良で、盛大に迎えられている。だが人々が狂喜するなか、落ち着き払っていたのが昭和天皇である。淵田が拝謁した際、天皇は「敵の飛行機に民間機はなかったか」「艦船、飛行機および航空基地以外に攻撃を加えたことはなかったか」など、非戦闘員を思いやった。拝謁を終え、淵田は「この日のことを決して忘れまい」と堅く心に誓ったという。

真珠湾攻撃は日本の軍・官・民の士気を高揚させたが、一方でアメリカ国民が一致団結する契機にもなってしまう。そして半年後に起きたミッドウェー海戦を機に日本は守勢に立たされ、敗戦への道を歩んでいったのである。

海軍②

鉄の棺
最後の日本潜水艦

大戦末期、伊号第56潜水艦に乗艦した若き軍医が、フィリピン東方沖の深度100メートルで体験した50時間にわたる死闘を振り返った海戦記。最高室温が50度に達した地獄の艦内で、黙々と自分たちの役目を果たした搭乗員たちの姿を描く。

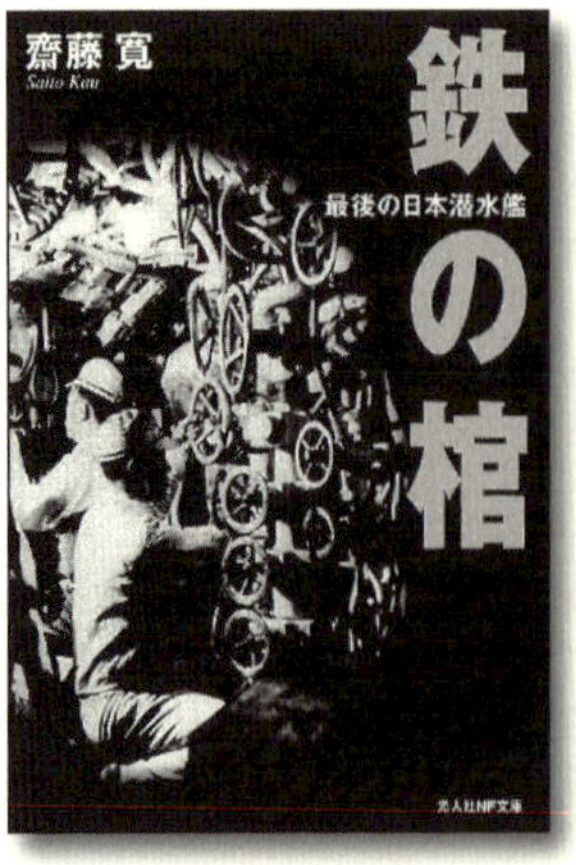

齋藤 寛（著）
光人社NF文庫

軍医長の視点から描いた潜水艦の海戦記

『鉄の棺　最後の日本潜水艦』は、伊号第56潜水艦に乗り込んだ若き軍医長がつづった戦記である。軍医長という一歩引いた立場から、アメリカ駆逐艦との50時間にわたる死闘を客観的に描いている。ちなみに序文では、女流作家の幸田文が、著者と家が近いということで文章を寄せている。また巻末では「ラッタル（階段）」「ケンバス（帆布）」など、現在ではあまり使われていない用語を解説している。

著者の齋藤寛は大正5年（1916）生まれで、昭和18年（1943）に慶應義塾大学医学部を卒業し、翌年に軍医長として伊号第56潜水艦に乗り込んだ。伊54型潜水艦の2番艦として昭和19年（1944）6月に竣工した。長さは107メートルで乗員は117名、愛称は山本五十六にちなんで「いそろく潜水艦」と名付けられた。

著者がこの作品を執筆したのは、戦争が終わってから8年後のことである。最初は簡単なメモ程度にまとめるつもりが膨大な量になり、最終的には本1冊のボリュームとなった。2度目の出撃時に遭遇した戦闘がいちばんの見どころだが、普通の人にはあまり馴染みがない潜水艦の生活を知ってもらうために、多くのページを割いている。また終戦から間もないということもあり、登場人物の姓名はほとんどが伏せられており、「電機長」「潜水長」などの職名で書かれている。

そして実際に乗り込んだこともあり、艦内の様子が細かく描写されている。例えば、臭いについても次のように細かく書かれている。

一段一段艦内に降りるにしたがって、なんとも言えぬ特有の臭いが湿度の高い蒸し暑い艦内の空気に混じって鼻につく。重油やグリース、汗と脂、ペンキと厠の臭いに混じって、何か食物の臭いが一様異様にむっとして鼻につく。

このほか、飛び出した鉄パイプで激しく頭を打つなど、身体をあちこちにぶつける描写もある。密閉された狭い空間で、物語は進行していった。

50時間にわたるアメリカ駆逐艦との死闘

本作品では、潜水艦乗組員の食事についても描かれている。特殊な環境で作業を行うため、体力管理には万全の対策を施していた。その第一が「乗員にバターを1日60グラムずつ摂取すること」、第二が「ビタミン錠を毎日一定数服用すること」である。

戦時下の日本では、バターは一片さえ入手できない貴重品であった。そのため、兵員の食生活は恵まれていたといえるが、バターはなかなか減らなかった。同時に配給されたマヨネーズも、瓶の中身を食べずに海に捨て、歯磨き粉の瓶として使っている始末だった。

東京・小石川生まれで慶應ボーイだった著者は、バターを摂取させるため、あれこれ工夫するが、そもそもバターを食べたこともなかった兵士たちにとってはありがた迷惑な話であった。工夫をこらしてバター入りの白米を食べさせたりもしたが、残飯が多くなるばかりだった。結局、バターを入れた食事は1日おきになり、ビタミン錠も「各自自由に摂取するように」と定められた。

一方で、酒は毎日晩酌ができるほど豊富に積み込まれていた。日本の軍隊というと規律が厳しいイメージがあるが、潜水艦は過酷な環境だったため、乗員の結束は割と家族的であった。

そして10月15日、第15潜水隊に編入された伊号第56潜水艦は、呉を出港してフィリピン東方へと向かう。アメリカ軍のフィリピン島上陸が迫っており、それを阻止するための出撃であった。このとき、海上では第二次世界大戦最大の海戦といわれたレイテ沖海戦が繰り広げられており、戦艦「武蔵」が無残にも沈没していた。

そんな中で、伊号第56潜水艦は敵方の大型輸送船を撃沈する戦果を挙げる。翌日には3隻の大型上陸用撃沈を破り、さらには護衛空母や駆逐艦にも攻撃を仕掛けた。襲撃が成功すると、狭い区画の中で乗組員たちは万歳三唱を唱え、歓喜に沸いた。

だが戦果を挙げたことで敵の対潜艦から追われるようになり、爆雷攻撃にさらされ続ける。水深100メートルまで潜行し、電力の節約をしながら何とか逃れたものの、気がつけば10時間も経っていた。艦内温度はジリジリと上昇し、もっとも温度が低い司令塔でも35度に達する。飲料水もすでに尽きていたため、サイダーでのどを潤そうとするが、気持ちが悪くなるほどの甘みと生ぬるい炭酸が口の中を支配し、「サイダーというものを、どうしてこんなに甘く作ったんだろう」と腹立たしく思うほどであった。

敵の爆雷攻撃が止んでも浮上するのは危険だったため、伊号第56潜水艦は潜行を続ける。その間にも艦内の炭酸ガス濃度は上昇し、意識的に呼吸しなければ酸素を取り込めない状態となる。50時間が過ぎると心身ともに疲れ切り、「この苦しみのままでは死にたくない。

せめて一呼吸でも海上の新鮮な空気が吸いたい。新鮮な空気さえ一呼吸できればもう死んでも思い残すことはない」とさえ思うようになった。

艦内の温度はついに50度まで達したが、何とかギリギリまで耐え、戦いに勝利する。そして浮上して新鮮な空気を取り入れたあと、伊号第56潜水艦は呉軍港に帰投した。戦果を挙げたことで乗組員たちは表彰され、菊花御紋章入りの口つき煙草が1箱ずつ下賜された。そして、次の出撃に備えて艦の改修と新たな訓練が行われたのである。

人間魚雷「回天」搭乗員たちの葛藤と覚悟

2度目の出撃では、特攻兵器の「回天」が搭載されることになった。「回天」は大日本帝国海軍が開発した人間魚雷で、幕末期の軍艦「回天丸」から命名されたものだ。終戦までに420機が生産され、実戦でも投入された。

本作品の後篇には、軍医長である著者と「回天」搭乗員の交流も描かれている。潜水艦には4人の搭乗員が乗り込んだが、出撃前、著者は司令部から「極秘 回天発進に際し、搭乗員に手渡されたし」と書かれた手紙と青酸カリを渡される。「回天」が爆発しなかった際、自決するためのものであった。

12月21日、伊号第56潜水艦は「回天」を搭載し、アメリカ海軍の拠点であるニューギニアのアドミラルティを襲撃するため出撃する。外海では連合国の艦船が無数に往来しており、まさに決死の出撃であった。

艦は南へ、南へと走って行ったが、「回天」を背中に搭載していることもあってか、乗組員たちの気持ちも心なしか重くなっていた。その中で、「回天」搭乗員たちは本を読むなど、落ち着いた日々を過ごしていた。「回天」搭乗員に対する気遣いは徹底していたが、それゆえに両者の会話は弾まず、雰囲気もどことなく気まずかった。

そして、目的地であるアドミラルティ湾港に近づいたが、すでにアメリカ側の対潜警戒は厳重で、なかなか作戦が実行できない。結局、作戦は中止となり、艦は呉軍港へと引き返した。

帰還後には配置転換が行われ、艦長以下機関長、航海長、砲術長などが転勤となる。そして軍医長である著者も、72時間の休暇後に転勤を言い渡される。このとき、彼の心は「潜水艦を降りることができるかもしれないという生命本能の喜び」に震えていたという。

こうして著者は艦を去ったが、その後、伊号第56潜水艦は沖縄西方でアメリカ駆逐艦との交戦の末、沈没した。艦が沈没したのは4月5日で、著者が転勤を命じられてから間もなくのことであった。これが作戦に参加した事実上最後の潜水艦だったことから、本作の題名は『鉄の棺　最後の日本潜水艦』になったと、旧版のまえがきには記されている。

海軍③

真珠湾攻撃 総隊長の回想 淵田美津雄自叙伝

真珠湾攻撃では航空隊を率い、アメリカ太平洋艦隊を壊滅して世界中をアッと言わせた海軍軍人・淵田美津雄の回想録。戦後、キリスト教に帰依して伝道の旅に出た男は、なぜそのような運命をたどったのか？　激動の時代の〝真実〟を描いた一冊。

淵田美津雄（著）
講談社文庫

真珠湾攻撃では総指揮官。戦後はキリスト教に帰依してアメリカへ

淵田《ふちだ》美津雄という海軍軍人は、じつに数奇な運命をたどった人物であった。

真珠湾の奇襲攻撃では総指揮官を務め、「トラトラトラ」(ワレ奇襲ニ成功セリ)の暗号電報とともに、その名が海外にも知られるようになった。イギリスの軍事史家ジョン・キーガンが編んだ『第二次世界大戦人名事典』でも、大戦に関わった「おびただしい数の人物の中から、もっとも重要な人物」として紹介されている。日本人では昭和天皇を筆頭に、陸海軍の大臣や将官、政治家、外交官などが名を連ねていたが、その中に、大佐だった淵田の名もあったのだ。

本作品は、淵田が書き残していた自叙伝『夏は近い』をまとめたものである。白内障で新聞雑誌の関係記事が読めなかったため、妻の春子が執筆を手伝った。淵田は海軍でも名文家の誉れが高く、作戦の起案でも気品ある文章をつづっている。

第一部と第二部では、出生から海軍軍人となり、真珠湾攻撃の指揮官として活躍を収めるまでの過程が書かれている。淵田は真珠湾攻撃における空襲部隊の指揮官を務め、攻撃

直前には「トラトラトラ」(ワレ奇襲ニ成功セリ)と打電している。そして、アメリカ太平洋艦隊の戦艦部隊を行動不能にする戦果を挙げているが、「第二次攻撃をすべき」という意見は却下されている。また淵田は自叙伝において、真珠湾攻撃における大本営発表の虚構とその背後にあった海軍部内の功名争いを明らかにしている。

幸先のよいスタートを切った日本海軍だが、その輝きも長くは続かなかった。第三部の「暗転」、第四部の「帝国の落日」では、ミッドウェー海戦から終戦までの過程を書いている。

淵田は戦局の転換について、次のように述べている。

南雲機動部隊が内地に帰還したとき、この世界最強の機動部隊を、中央当局と連合艦隊司令部とで、これを解いて弱体化した措置こそ、太平洋戦争が失われる第一歩を踏み出したものと私は見る。

さらに自叙伝では、連合艦隊司令長官の山本五十六がとった作戦についても、いくつか懐疑的に語っている。自身も出撃して傷を負ったミッドウェー海戦でも、連合艦隊の主力部隊の布陣などを批判した。また敗因については、「日本は上下ともに、第一段作戦の勝利に驕って、アメリカ海軍を侮っていた。そのところに驕る平家久しからずがあったわけである」と述べている。

ミッドウェー海戦後は横須賀航空隊教官、第1航空隊参謀、連合艦隊航空参謀などを経て、終戦を迎える。昭和20年（1945）8月6日、広島に原子爆弾が投下されたが、淵田はその前日まで広島に滞在していた。そのため、広島での原爆体験についても詳しく語っている。

そして第五部と第六部では、ミズーリ号で行われた降伏調印式から、キリスト教に回心する姿が書かれている。戦後、淵田は1人のアメリカ人から『私は日本の捕虜だった』という小冊子を渡されているが、それを読んで聖書に興味を持ち、キリスト教徒になった。

戦争の惨禍を生き抜き、かつての仇敵だったアメリカへ伝道の旅に出た、淵田美津雄という人物の〝真実〟を知ることができる一冊である。

第5章 零戦・パイロット

©共同通信社/アマナイメージズ

零戦・パイロット①

大空のサムライ

「撃墜王」の異名をとるエース・パイロット、坂井三郎が自身の戦いの記録をまとめた自伝。世界でもっとも速く、強かった男は、２００回以上の零戦での戦闘をどのように戦い、世界のエースへと上り詰めたのか。闘いと大空に賭けた男の一代記。

坂井三郎（著）
講談社＋α文庫

太平洋戦争初期にエース・パイロットとして活躍

『大空のサムライ』（上下巻）は、大日本帝国海軍のエース・パイロットとして活躍した坂井三郎と戦友たちの迫真の記録である。

坂井は大正5年（1916）8月、現在の佐賀県佐賀市で生まれた。貧しい農家の三男坊で、小さな頃からスピードに魅力を感じていた。16歳で海軍に入ったあとは戦艦「霧島」「榛名」の砲手を経て、念願の海軍戦闘機搭乗員となった。飛行機乗りへの憧れについて、次のように語っている。

飛行機乗りになることは、私の小さい頃からの夢でありました。たとえ、そのことが死につながる道であろうとも、それが私の初一念《しょいちねん》だったのです。だから私は、海軍の飛行機操縦者に選ばれたその日から、自分は、飛行機で死ぬのだと覚悟をきめておりました。覚悟というと、しかたなく、あきらめたような感じがしますが、そうではなくて、それは、男として私が選んだ唯一の道だったからなのです。

日華事変（日中戦争）が始まると第12航空隊に配属され、初陣でいきなり中国の戦闘機を撃墜する戦果を挙げた。ただし、血気にはやる行動だったということで、指揮官の相生大尉から厳しく叱責されている。昭和15年（１９４０）６月に内地へ還り、大村航空隊の配属となる。そして新鋭の零式艦上戦闘機（零戦）と出会い、再び中国大陸に渡って戦果を挙げるようになる。

太平洋戦争が始まったときには台南航空隊に配属されており、開戦当日にはフィリピン島のクラーク・フィールドに侵攻し、米軍の戦闘機である「Ｐ－40」を撃墜する。翌昭和17年（１９４２）に入ると蘭印を転戦し、「Ｂ－17」を撃破する活躍を見せた。戦闘機操縦者としての信念について、坂井はこのように述べている。

私は、零戦を信じて、太平洋戦争の空中戦の一戦一戦を戦い抜いてきました。そして、いつのまにか、零戦こそ我が命、零戦の操縦桿を握っているかぎり、どんな敵機にも負けないぞ、と考えるようになりました。これは、単なる自信というより、必勝の信念でした。

坂井は南方戦線で華々しく活躍したが、その一方で、戦友たちを次々と失う悲劇に見舞われている。5月13日、弟のごとく親しんでいた本田敏秋二飛曹が戦死し、坂井は大きなショックを受ける。その後も戦友たちが次々と帰らぬ人となり、戦いの厳しさを嫌というほど思い知った。それでも西澤一飛曹、太田一曹と語らい、戦闘後に3人で3回連続編隊宙返りをやってのけたと、『大空のサムライ』には記されている。その姿は味方を勇気づけるだけでなく、敵側も賞賛の手紙を送るほどだったという。

つねに実戦を想定した訓練に励む

当時の戦闘機には効率がよい通信機や戦闘機用のレーダーが搭載されておらず、優秀な視力を持っていることが、パイロットの絶対条件であった。敵機を先に発見すれば、戦いを優位に進めることができたからだ。そして、戦闘機そのものを確認するのではなく、あるかないかわからない霞のようなものを感じ取る必要があった。そのため、視野が広いこともパイロットには必要な要素であった。

そういったことを心得ていた坂井は、日頃から自分の目を大切にしていた。夜ふかしや深酒は控え、朝起きるとすぐに緑色のものをじっと見るようにした。遠目をきかす訓練も怠らず、遠くにある樹木の小枝まで見極める訓練などを行っていた。こうした訓練の甲斐もあってか、坂井は敵から先に発見されたという気配を感じたことがなかったという。そして、「第一撃は絶対にのがさない」という自信を持っていた。

また坂井は、「戦闘機乗りには、瞬間的判断力とその行動力が絶対に必要である」とも語っている。空中戦ではすべてのことを瞬時に判断し、動かなければ自分がやられてしまう。だが「飛行機乗りの六割頭」という言葉があるように、空中では人間の能力がある程度差し引かれてしまう。しかも敵機だけでなく、燃料の残量や天候、自機体にも気を配らなければならない。そのため、地上にいるときから戦いのことを想定した行動をとっていたのだ。

だがそんな坂井にも、命の危機に見舞われたことがあった。昭和17年（1942）8月、ガダルカナル島上空戦で敵戦闘機の集中砲火を浴び、頭部に傷を負った。計器すら満足に見えない致命傷で、一時は航空機ごと敵艦に体当たりすることも考えたが、敵が見当たらなかったため引き返した。この間、出血多量により何度か意識を失ったが、何とかラバウルまでたどり着くことができた。

その後、内地に帰還して治療を受けたが、右目の視力がほとんど失われてしまう。左目も視力が0・7まで下がり、パイロットとしての復帰は絶望的になった。

それでも戦況の悪化による航空戦闘員の減少にともない、坂井は再び戦地へと向かう。硫黄島では敵戦闘機15機に包囲されたが、長年の経験を活かして死地を脱したと、本作には記されている。

硫黄島から帰還したあとは最新鋭局地戦闘機「紫電改」の操縦法の指導などに携わり、横須賀航空隊勤務のときに終戦を迎えた。終戦までに200回以上の空戦に臨み、敵機を大小64機撃墜した。

戦争体験を伝えた「大空のサムライ」

戦後は印刷会社を経営しながら、戦争や人生論に関する本を多数執筆している。回想記を書き始めたのは昭和25年（1950）のこと。出版共同社の福林正之社長の熱心な勧めで執筆し始めた。当時はまだ日本が連合国の占領下にあり、坂井も空戦の記録を書くのにはためらいがあった。だが福林の「戦争の是非善悪は別として、正確な空戦の記録を後世に残すのが生き残った戦闘機乗りの責務である」という主張に心を打たれ、執筆を決断した。

こうして昭和28年（1953）に完成したのが、『坂井三郎空戦記録』である。この本を通じて、海軍の戦闘機や零戦の名機の名前を知ったという人も少なくなかった。また、戦争の空しさや非情さを改めて痛感したという人も多かった。

『坂井三郎空戦記録』は多くの人に読まれてベストセラーになり、『SAMURAI』というタイトルで英語版も刊行された。このほかフランス語やフィンランド語、イタリア語などにも翻訳されているが、かつての敵国の軍人の戦記が、これだけ多くの国の人たちに読まれた例はなかった。昭和41年（1966）に絶版となった『坂井三郎空戦記録』だが、新たに加筆修正され、昭和42年（1967）に『大空のサムライ』として発売された。その後、続編となる『続・大空のサムライ』、『戦話・大空のサムライ』なども刊行された。

そして平成13年（2001）、「さらに多くの人に読んでいただきたい」という坂井の意向により、文庫版が刊行された。原本は1冊でまとめられていたが、文庫版では上下2巻構成となり、本文中の写真を大幅に変えた。さらに「用語収録」を新設し、戦史や飛行機に詳しくない人でも理解できるようにしている。

ちなみに、日時などには『坂井三郎出撃記録』やその他の文献との食い違っている箇所がいくつかあるが、これについては解説文で「回想記を執筆された頃は、大戦中の軍の公式記録を見ることもできず、坂井さんの手元に残されていたわずかな資料と記憶をもとに執筆されたのである。このため、日時などに食い違いがでたとしても不思議はない」と説明している。また「食い違いうんぬんは、回想記である以上、本書の価値を左右するものではない」とも述べている。

零戦・パイロット②

一式陸攻戦史

海軍陸上攻撃機の誕生から終焉まで

大日本帝国海軍の陸上攻撃機「一式陸上攻撃機」の誕生から終焉までを描いた一冊。対艦攻撃任務のほか、陸上爆撃、偵察、さらには人間爆弾「桜花」の母機として活躍した一式陸攻の４年あまりにわたる戦いを、写真や図版などを交えて紹介している。

佐藤暢彦（著）
潮書房光人社

マレー沖海戦で神がかり的な活躍をみせる

日本軍の航空機といえば、零戦を想起する人が多い。本作品の主人公でもある「一式陸攻」は、戦記や戦争映画では脇役に甘んじることが少なくない。だが筆者の佐藤暢彦は、「もっと語られてしかるべき飛行機である」と主張する。

一式陸攻は「一式陸上攻撃機」の略称で、中型陸上攻撃機（中攻）の一種である。設計主務を務めた本庄季郎《きろう》は、映画『風立ちぬ』に主人公の同僚として登場している。一式陸攻は昭和16年（1941）に正式採用されたが、この年は皇紀2601年にあたることから「一式」と名付けられた。一式陸攻は終戦までに2416機が製造されたが、終戦時には、国内に残っていた機は1割にも満たなかった。

中攻は艦隊決戦の補助兵力として考案され、陸地から敵艦隊を捕捉・雷撃・爆撃するために開発された。だが汎用性があったことから、偵察や輸送、対潜哨戒などにも用いられた。「海軍航空関係者で、中攻の世話にならなかった者はいない」といわれるほど、中攻はマルチな活躍を遂げた。

太平洋戦争が始まると、一式特攻は同じ中攻の一種である九六式陸攻とともに出撃し、フィリピンのアメリカ陸軍航空基地を攻撃する。さらにマレー沖海戦ではイギリス戦艦の「プリンス・オブ・ウェールズ」と巡洋戦艦「レパルス」を攻撃し、撃沈するという大功を挙げた。補助兵力とみなされていた中攻が、戦いの主役に躍り出たのである。

だが一式陸攻で戦いを優位に進めるには、制空権を確保し、それなりに数的優位な状態をつくらなければならない。ところが一式陸攻は防弾性能が低く、次第に被害が増大していく。日本は希少金属などの資源に欠けていたため、ある程度防御を無視した設計にしなければ、連合国の飛行機に太刀打ちできなかったのだ。

マレー沖海戦では戦艦2隻を沈めた中攻だが、太平洋戦争の全期間で挙げた撃沈の戦果は、この戦艦2隻に加え巡洋艦1隻、駆逐艦数隻だけであった。ちなみに中攻が沈めた巡洋艦は、昭和18年（1943）1月のレンネル島沖海戦における重巡「シカゴ」である。

ところが、日本側は信じられないような過剰な戦果判定を行い、例えばレンネル島沖海戦では、「戦艦2隻、巡洋艦2隻を撃沈した」と報じている。その結果、「中攻なら戦艦空母を撃沈できる」と誤判断し、アメリカ艦隊に対して効果が上がらない攻撃を繰り返して被害を増大させた。さらに偵察能力の不足、通信機器の不備、「戦死者に少しでも花をもたせてやりたい」という戦友心理などが、日本軍の勝利を妨げた。

そして一式特攻が活躍できなかった要因として挙げられるのが、敵の主力艦隊の変化である。昭和初期の段階では戦艦が艦隊の中心を担っていたが、それが艦載機をともなう空母へと変わった。そのため、大日本海軍が想起していた艦隊同士の主砲戦は起こらなくなり、一式陸攻の活躍の場も失われていった。

大戦末期になると、中攻は特攻兵器「桜花」の母機として利用されるようになる。計10回にわたる桜花特攻で84機の陸攻を出撃させたが、その多くが帰ってこなかった。戦死者は桜花を含めると420名に達したが、大きな戦果を挙げることはできなかった。そして終戦とともに、一式陸攻はその役割を終えたのである。

零戦・パイロット③

祖父たちの零戦

神立尚紀（著）
講談社文庫

進藤三郎と鈴木實《みのる》という２人のパイロットの物語を軸に、元搭乗員１２４名への２０００時間インタビューを交えて構成した渾身のノンフィクション。零戦の栄光と落日、そして戦争という苦境を、祖父たちはどのように戦ったのか？　その真実に迫る。

零戦の元搭乗員124名から話を聞く

著者の神立《こうだち》尚紀は、平成9年（1997）まで雑誌『フライデー』の専属カメラマンを務めていたが、戦後50周年の特集取材を機に、元零戦搭乗員の取材を行うようになった。現在はNPO法人「零戦の会」の会長を務めるかたわら、零戦に関する著書を多数執筆している。本書はその中のひとつで、元搭乗員124名からの体験談を元に構成されている。「戦争のことは思い出したくない」と長年沈黙を守ってきた人がいる一方で、昨今は「今、伝えておかなければならない」という思いから、沈黙を破って戦争体験を語る人も出てきている。また取材を申し込んでから承諾を得るまでに、数年の月日を要した人もいる。こうした地道な取材の積み重ねによって完成されたのが、『祖父たちの零戦』である。零戦での戦闘描写もダイナミックで迫力があるが、これも丹念な取材による賜物であった。

本作品の物語の軸となるのが、中国大陸の上空で零戦の初空戦を指揮した進藤三郎少佐、そしてオーストラリア上空でイギリスの戦闘機「スピットファイア」を翻弄した鈴木實中佐である。2人は海軍兵学校の同期で、ただ大空を飛びたいという一心で戦闘機乗りとなった。だが日華事変（日中戦争）の勃発で否応なしに戦場に投入され、やがて太平洋戦争が始まり、戦局は激化の一途をたどっていく。２人も第一線の指揮官となり、多くの部下を率いて戦った。

戦争が始まったころの日本軍は各地で快進撃を重ねたが、その原動力となったのが、昭和15年（１９４０）に正式採用された「零式艦上戦闘機（零戦）」である。零戦について、筆者は「優美でありながら切れ味がするどい日本刀のような戦闘機だった」と述べている。強力な火力とずば抜けた運動性能は他国の戦闘機を圧倒し、猛特訓で鍛え上げられたパイロットたちは、「サムライ」と呼ばれた。

物語の前半では、２人の獅子奮迅の活躍が存分に描かれている。後半は零戦神話の崩壊や特攻作戦の発動など、厳しい展開が続いていくが、それが太平洋戦争の真実であった。零戦誕生以来の古い搭乗員は次々と戦死し、若い候補生も特攻隊員となって命を散らしていく。進藤と鈴木はもどかしい思いを抱きながら戦い続けたが、どうすることもできないまま終戦を迎えた。

本書の終盤では、零戦パイロットたちの戦後についても述べられている。戦時中は尊敬の眼差しで見られていた零戦乗りも、戦後は後ろ指を指され、戦犯として扱われた。進藤も「生き延びた」というよりは「死にぞこなった」という意識が強く、ときには自ら生命を絶つ方法まで考えた。だが死んだ者たちのために生きることを決意し、零戦搭乗員として奮闘した日々を〝封印〟した。こうして本書の取材が行われるまで、進藤は零戦乗りの思い出をほとんど語らなかった。

一方、鈴木は第205海軍航空隊・石垣島派遣隊指揮官として終戦を迎え、戦後は雇われ運転手として働いた。だが妻と離婚するなど、彼もまた苦しい道を歩んでいく。それでもレコード会社に勤めてからは、徐々に暮らしぶりが安定していった。

進藤三郎は平成12年（2000）2月、眠るように息を引き取った。そして鈴木實も、その翌年に亡くなっている。終戦から70年が経過したが、こうした生きた戦争体験を語る人は、徐々に少なくなっている。

零戦・パイロット④

修羅の翼

零戦特攻隊員の真情

非情な戦いの中で、自らも特攻隊員となったベテラン航空隊員がつづった戦争の記録。中国戦線で初陣を飾って以来、ラバウル、フィリピン、台湾で熾烈な争いを繰り広げ、生き残った男が、若くして散った亡き戦友たちのために書き残した一冊である。

角田和男（著）
光人社NF文庫

中国大陸から戦った歴戦のパイロット。直掩隊として特攻隊員の突撃を支える

著者の角田和男は日支事変（日中戦争）以来、ラバウル、ソロモン、ニューギニア、硫黄島、台湾沖、フィリピンと、修羅場をくぐってきた航空隊員である。だがベテランゆえに多くの戦友の死を見届け、そして末期には、特攻で飛び立つ同胞を見届けてきた。奇跡的に終戦まで生き延びたが、それゆえに、戦後は重い十字架を背負いながら生き続けてきた。

『修羅の翼』は、そんな角田が6カ年もの歳月をかけて著した珠玉の戦記である。かねてより「自分の戦記を書いてみては？」と勧められてはいたが、「文才に乏しいし、他人に話すほどの戦歴もない」という理由で断ってきた。だが「期限も内容にも一切注文はつけない、暇をみて、いつでも書ける時に書いて欲しい」という言葉に突き動かされ、執筆を決断する。戦争の酸いも甘いも味わい、そしてじっくりと時を重ねて書かれたこともあり、本作品には戦争のありのままの姿が映し出されている。

大正7年（1918）、角田は千葉県の農家の次男坊として生まれた。幼い頃に父が亡く

なり、一家は貧しい生活を強いられていた。昭和9年（1934）、第5期予科練習生として横須賀海軍航空隊に入り、飛行機乗りとして訓練を重ねた。その後は戦闘機操縦員として空母「蒼龍《そうりゅう》」に乗り組み、中国戦線で初陣を飾った。初めての実戦について、角田は「初めて攻撃を受けた時は、ちょっと動揺したが、後は演習とあまり変わらなかった」と振り返っている。

昭和15年（1940）10月、角田は中国軍機の編隊と空戦となり、フリート練習機1機を撃墜する。これが角田にとって初めての撃墜だったが、このとき彼が搭乗していたのが、まだ実戦デビューしたばかりの零戦である。だが、中国機とはあまりに性能に差があることから、「子供を相手に本気で喧嘩でもした後のような嫌な気持はいつまでも残った」と振り返っている。

昭和17年（1942）、角田はラバウルで戦っていた。このとき初めて本格的に撃ち合う空戦を体験しているが、着陸後は膝がガクガクになったという。以後、昭和18年（1943）6月までソロモン海域で戦い、内地帰還後は厚木空の教官となった。だが戦いに次ぐ戦いで、古参のパイロットは次々と戦死していた。

そして昭和19年（1944）3月、252空に配属された角田は、硫黄島でアメリカ機動部隊との戦闘に及ぶ。このとき、味方の零戦のほとんどが失われ、２５２空は千葉の館山に帰還する。この時期になると、日本とアメリカの戦闘機の性能にも、大きな差が生じていた。

10月にはフィリピン方面に転じたが、11月6日、エンジンの故障でマニラのニコラス基地に不時着する。この地で神風特別攻撃隊に編入され、直掩《ちょくえん》の任務にあたった。直掩とは、敵の迎撃機から体当たり（爆装）部隊を守ることをいい、おもにベテラン隊員がその任にあたった。だが「直掩隊は爆装隊の楯となって、全弾身に受けて爆装隊を進めよ」という非情な命令のもと、特攻隊員たちが戦場に散っていく姿を見守った。

角田の特攻配置は終戦まで続き、昭和20年（１９４５）8月14日には、ついに自らも爆装隊員となる。だが翌日に戦争が終わり、爆装隊員として戦場に出ることはなかった。

戦後の角田は茨城県で農業を営むかたわら、戦友たちの慰霊行脚を行った。そして平成25年（２０１３）2月14日、94歳で大往生を遂げた。

第6章 特攻

特攻①

ホタル帰る 特攻隊員と母トメと娘礼子

出撃の前夜、1人の特攻隊員が「ホタルになって帰ってくる」と言い残し、知覧基地から出撃する。そしてその夜、1匹のホタルが姿を現す——。軍の指定食堂で特攻隊員たちを親身に世話した鳥浜トメと、彼女を慕う隊員の交流を通して、戦争の真実を映し出す。

赤羽礼子・石井 宏（著）
草思社文庫

少年兵の面倒を我が子のように見ていた鳥浜トメ

大型の爆弾を吊った航空機を敵の軍艦に体当たりさせる「特別攻撃隊」は、太平洋戦争後期に本格編成されるようになる。体当たり攻撃はそれ以前から行われてはいたが、戦闘機が故障して帰還不能になったり、敵機に追い詰められた者が自発的に行うのがほとんどであった。また真珠湾攻撃では、「特殊潜航艇」という形で特攻が行われていた。

だが、昭和19年（１９４４）に入ると日本軍は絶望的な劣勢に立たされ、南方の要所であるフィリピン島が奪われるのは時間の問題となった。そこで、第一航空艦隊司令長官の大西瀧治郎中将が実行したのが「神風特別攻撃隊」である。ちなみに「神風」は、猪口力平中佐の郷里の道場「神風流」からつけたものだともいわれている。

こうして特攻作戦が決行されたが、結局、フィリピン島はアメリカ軍によって奪われてしまう。その後、アメリカ軍は日本本土攻略に手をつけ、硫黄島と沖縄に攻勢をかける。もし沖縄が落ちれば、もはや九州は目と鼻の先である。そこで日本軍は、フィリピンを上回る大規模な特別攻撃隊を編成し、アメリカ艦隊の撃滅をはかった。

そして、陸軍の特攻基地の中心となったのが、鹿児島県の知覧である。知覧の飛行場は昭和16年（1941）に完成し、少年飛行兵の育成が行われた。少年兵の訓練は過酷をきわめ、気が休まらない日々が続いた。そんな彼らにとっての楽しみといえば、日曜日に許される〝面会〟や〝外出〟であった。

とはいえ知覧には娯楽施設がほとんどなく、彼らにとってのオアシスといえば、「富屋食堂」という、何の変哲もない町の食堂であった。食堂を開いた鳥浜トメは明治35年（1902）の生まれで、知覧に飛行学校ができると、軍の指定食堂に推薦された。日曜になると少年兵たちが集まり、トメを母親のように慕っていた。トメも少年兵たちの面倒をよく見て、ときには風呂で背中を流すこともあった。

知覧での少年兵の育成は昭和19年（1944）秋まで行われ、その後は航空機を南方の前線に輸送するための中継基地として使われるようになった。そして沖縄戦の開始にともない、特攻隊の基地となったのである。

「特攻兵の母」として若者たちを見送る

『ホタル帰る 特攻隊員と母トメと娘礼子』は、出撃する特攻隊員と鳥浜トメ、そして娘たちとの交流を描いた物語である。戦時中は新潟地方航空機乗員養成所本科6期生だった音楽評論家の石井宏が、トメの次女・礼子に行った取材とトメ直筆の手紙、さらに戦時中の日記や写真などをもとに執筆した。

知覧が特攻隊の出撃基地になるという話は、ギリギリまで町民には知らされなかった。15歳の礼子は勤労動員で畑仕事に従事していたが、出撃2日前に知覧が特攻隊の基地になったことを知らされ、隊員の身のまわりの世話をするよう命じられた。彼女たちは〝なでしこ隊〟と呼ばれ、特攻隊員を見送る役割を担うようになった。隊員が出撃して南の空に消えていくのを、涙をこらえて手を振り続けたという。

特攻隊員たちは〝三角兵舎〟という半地下型の宿舎で寝泊まりしていたが、女学生たちは飛び立った隊員たちの後片付けもしていた。しかし、隊員たちは皆キレイに整頓していたので、彼女たちはほとんど何もする必要がなかった。「立つ鳥後を濁さず」ということわざがあるが、彼らは覚悟を決めて、死出の旅路に立ったのである。

こうして彼女たちはたくさんの隊員の出撃を見送ったが、知覧基地への空襲が日に日に激しくなったため、なでしこ隊の活動は3週間あまりで打ち切られた。だが隊員たちとの交流は、礼子にとって一生忘れられないものとなった。

富屋食堂には、出撃を控えた隊員たちが数多く訪れていた。彼らは覚悟を決めて旅立つわけだが、特攻隊には使い古したオンボロの飛行機が割り当てられたため、その多くが途中の島や海上で不時着したり、撃ち落とされたりした。敵艦隊に激突した特攻機は、ほんのわずかだった。また故障も多く、途中で引き返すことも少なくなかった。

第51振武隊に属していた川崎治男少尉もその1人で、5月11日に出撃したものの、機体の不調により引き返した。川崎少尉には綾子という恋人がいて、出撃前にはわざわざ富屋まで出向き、川崎と対面している。川崎は彼女との結婚を考えていたが両親の反対で叶わず、次の出撃を目前に控えた5月30日、試験飛行中に墜落死した。川崎少尉の死の知らせを聞き、トメは不憫の涙を流したという。

そして、「ホタルになった特攻隊員」として知られているのが、新潟県出身の宮川三郎軍曹である。高校時代は運動神経抜群・性格温厚・成績優秀と三拍子そろった美男子で、富屋食堂では次女の礼子をかわいがっていた。あまりにかわいがるので、姉（トメの長女）の美阿子が「礼ちゃん、大きくなったら宮川さんのおヨメさんになればいいのに」と冷やかすほどだった。そんな美阿子は、宮川の印象を「雪国の人らしく色白のハンサムな人だが、どこか淋しそうな兵隊さん」と述べている。

　そんな宮川も、20歳の誕生日にあたる6月6日に出撃することが決まった。その前夜、宮川は別れのあいさつをするため富屋を訪れ、トメも心づくしの手料理でもてなした。宮川は「死んだらまた小母ちゃん（トメ）のところへ帰ってきたい。ホタルになって帰ってくるよ」と言って富屋を後にし、翌日、悪天候のなか出撃し、消息を絶った。

　その夜、特攻隊員たちが集まる富屋に、1匹のホタルが入ってくる。娘たちは「宮川さんが帰ってきたわよ！」と口々に叫び、全員で『同期の桜』を歌った。皆、涙でくしゃくしゃになりながら、肩を組んで歌い続けた。

特攻兵への祈りを終生捧げ続ける

　知覧からの特攻機出撃は、沖縄が陥落したのを境に事実上終焉を迎える。終戦後はアメリカ兵が知覧にやってきたが、このときも富屋食堂は〝兵士たちのオアシス〟となった。

　最初、トメは米兵をおそれて娘たちを奥の部屋に隠していたが、彼らは日本兵と同じようにトメを慕った。やがてトメも心を開くようになり、娘たちも米兵の相手をするようになった。知覧の人々は「きのうまで特攻兵の母だった人物が米兵に取り入ってチヤホヤしているとはなんだ」とトメを非難したが、彼女は「あの人たちは敵に囲まれているんだよ。かわいそうじゃないか。淋しいんだよ。だから、せめて富屋にいるときくらいやさしくしてやりたいと思うよ」と意に介さなかった。

任務を終えた米兵が知覧から去り、終戦から10年経った昭和30年（1955）、トメの尽力により観音像が建てられた。トメは毎日のように観音像に参り、特攻兵たちの霊を慰めていた。

その後、生き残りの特攻隊員たちにより、「知覧特攻平和会館」が建てられた。85歳のトメも車椅子でその祝典に出席し、感謝の祈りを捧げたという。そして平成4年（1992）4月22日、トメは89年の生涯を閉じた。トメの思いは今も引き継がれており、知覧特攻平和会館には多くの人が訪れている。

特　攻②

特攻
空母バンカーヒルと二人のカミカゼ
米軍兵士が見た沖縄特攻戦の真実

太平洋戦争で特攻機の突入を受けた、アメリカ空母「バンカーヒル」の物語。日米双方の視点で描くため何年にも及ぶ調査を行い、特攻に尽くした男たちの真の姿を明らかにした。単なる記録ではなく、一編の映画のような迫真の人間ドラマとなっている。

マクスウェル・テイラー・ケネディ（著）
中村有以（訳）
ハート出版

日本人の死生観から「特攻」を描く

本作品は、昭和20年（1945）5月11日、神風特攻隊の突撃でアメリカの航空母艦「バンカーヒル」が戦闘不能に陥った出来事を描いたドキュメンタリー作品である。

著者のマクスウェル・テイラー・ケネディはこの出来事を描くため、何年にも及ぶ綿密な調査研究と、日米両国の当事者への取材を行った。そこから明らかになったのは、極限の戦いの中で、それぞれの国のために尽くした男たちの姿であった。

プロローグにおいて、著者は本作品を世に送り出すことの〝意義〟を、次のように述べている。

アメリカが対テロ世界戦争の行く先を模索し、世界じゅうで自爆攻撃が行われているという事実と向き合おうとしている今こそ、私たちは、「生きよう」という人間の基本的欲求に打ち克つほどの文化の力というものを理解しなければならない。

「バンカーヒル」に特攻機が墜落したとき、日本がまもなく戦争に敗れることを誰もが察知していた。「バンカーヒル」の乗組員、そして特攻機に乗った若者たちも。だが日本の若者たちは、任務の遂行がすなわち自分の死となる〝特攻〟のために、何カ月も訓練を重ねていたのだ。この精神は、今も昔もアメリカ人には理解しがたいものであった。著者が特攻機の突撃を「日本とアメリカの文化が衝突した」と表現しているのは、そのためである。

また本作品では、日本人とアメリカ人の死生観の違いについても言及している。

二〇世紀の半ば頃、アメリカ人は、日常生活から「死」という事実を排除するために長い時間をかけて費やしていた。（略）アメリカ人は、個人の生活を向上させることが、アメリカという国家を向上させることに繋がると教えられていた。一方日本人は、日々、自らの限られた命を受け入れようと努力し、武士道精神――に則って生きようとしていた。神風特攻隊はこの武士道を体現した存在であり、アメリカ人の価値観とは相容れなかった。

アメリカ人は、建国以来西へ西へと開拓した歴史から、「自分たちの国家や能力、創意、成功は限りないものだ」と教え込まれていた。一方、日本人は「個の生命は根本的に限られたものである」ということを理解しており、ただひとつ永遠に続くものがあるとすれば、それは国への貢献であると考えていた。そして、すでに武士の時代が終焉を迎えて70年が経っていたが、国民の胸には、服従よりは死を選ぶ「武士道」の精神が息づいていたのだ。

本作品は、航空母艦「バンカーヒル」に特攻機が突撃した模様が描かれているが、そのためには、日本人が「特攻」に至るまでの精神構造を知る必要がある。そこで、プロローグでは日本人の死生観について詳しく説明し、日本人以外にもその精神が理解できるようにしている。

特別攻撃隊の隊員となった若き航空兵

本作品におけるアメリカ側の主人公は航空母艦「バンカーヒル」であり、その乗組員たちである。通常、歴史書では軍の指導者が中心になるが、本作では戦いに巻き込まれた一般の兵員たちにスポットライトを当てている。

「バンカーヒル」の乗員は、そのほとんどが海軍に入るまで海を見たことがなかった。彼らは「陸軍が嫌いで海軍を選んだ」「海に憧れていた」など、さまざまな理由で海軍に入り、「バンカーヒル」に導かれたのだ。

「バンカーヒル」は昭和18年（1943）に就役したエセックス級空母で、マリアナ沖海戦やレイテ沖海戦などに参加した。日本軍の航空機が100マイル以上離れた場所にいても感知できる、高性能のレーダーを備えており、海戦でも大いに役立った。また3台の油圧駆動式エレベーターを備え、11秒ごとに1機の飛行機を出すことができた。

一方、日本側の主人公は、「バンカーヒル」に突撃した小川清、安則盛三という2人のパイロットである。

小川清は大正11年（1922）、群馬県高崎市で生まれた。素直で明るい性格で、なおかつ色白でハンサムだった。昭和17年（1942）秋に早稲田大学政経学部に進学したが、学徒動員により海軍へと入る。そして戦友とともに訓練を重ねたが、その過程で「全体のために個を犠牲にする覚悟をしなければならない」「退却するよりは死を選べ」といった、軍人としての心がまえを身につけた。

昭和19年（1944）2月、小川は海軍予備学生となり、土浦海軍航空隊に入団する。ここで飛行訓練を重ねたあと、5月に谷田部海軍航空隊に配属された。だが戦局は悪化の一途をたどり、ついに神風特攻隊が編成されるようになる。

そして昭和20年（1945）2月、沖縄戦が始まると、特攻作戦が本格化していく。谷田部基地では学徒出陣組の海軍予備学生に対し、特別攻撃隊に参加するかどうかが問われた。表向きは志願制だったが、実際にはほぼ強制参加であった。小川も特別攻撃隊に志願し、特攻機が出撃する鹿屋《かのや》基地に移った。

鹿屋では昭和隊第3小隊に属したが、その編隊僚機を操縦したのが、昭和隊の指揮官である安則盛三である。安則は大正13年（1924）、兵庫県上郡町に生まれた。小川よりは少し早く入隊し、訓練を経て鹿屋に配属された。2人は出撃までの3週間をともに過ごし、絆を深め合った。そして2人の出撃日が、5月11日に決まった。

このとき、「バンカーヒル」は第58任務部隊の旗艦として、沖縄東方122キロの洋上にいた。沖縄に向けて艦載機が発進し、沖縄戦のバックアップ活動を行っていた。

「バンカーヒル」に突撃した「2人のカミカゼ」

昭和20年（1945）5月11日早朝、安則と小川、仲間たちが乗った飛行機の編隊が、鹿屋基地を出撃する。そして10時2分、安則が操縦する零戦が飛行甲板上に250キロ爆弾を投下し、ギャラリーデッキの通路を破壊、格納機の天井を突き破り、左舷側壁に穴を空けて爆発した。さらに、安則機は飛行甲板に突入し、ガソリンに引火して大火災を起こした。

それから間もなく、今度は小川が操縦する零戦が爆弾を投下する。安則機が起こした火災のせいで、「バンカーヒル」の砲員は小川機をとらえることができなかった。小川機は艦橋と甲板の境あたりに突入し、大爆発を引き起こした。

突入のあと、乗組員は消火作業に追われたが、火災によって有毒な煙が艦内に立ち込め、多くのパイロット・乗組員が一酸化炭素中毒で死亡する。また、消火するために海水が注入されたが、艦内に閉じ込められたまま溺死する者もいた。艦上には腕や脚、肉の塊など、さまざまな身体の部分が散らばっており、地獄のような光景が広がっていた。

一方、火災を引き起こした小川の遺体は炎上することなく、しっかりその姿をとどめたまま甲板に転がっていた。その姿について、乗組員の1人は「上半身だけ見ると、生きているようでもあった」と回想している。小川の機体も燃え残っていたため、乗組員のロバート・ショックは機内にあった彼の遺品を持ち帰り、大切に保管した。その後、遺品は平成13年（2001）に遺族のもとへ返されている。

乗組員たちは、煙と有毒ガスに苦しめられながらも懸命に消火活動を行い、日没までにほぼ鎮火させた。だが346名が亡くなり、43名が行方不明、264名が負傷し、「バンカーヒル」は撤退を余儀なくされた。

特攻といえば、その結末から悲劇を前面に押し出した作品が多いが、本作では特攻隊員の心に踏み込み、そして特攻を受けた側の状況を克明に記している。670ページに及ぶ大巻だが、細部にまで事実を追い求め、描写する労には頭が下がる思いだ。

特攻③

蒼海に消ゆ
祖国アメリカへ特攻した海軍少尉「松藤大治」の生涯

アメリカのサクラメントに生まれ、学徒動員で日本兵となり、特攻攻撃で散った海軍少尉・松藤大治のノンフィクションドキュメント。２つの祖国の間で揺れ動いた青年は、なぜ特攻隊員として死ぬことを選んだのか？　最後の日まで懸命に生きた姿を描いた作品。

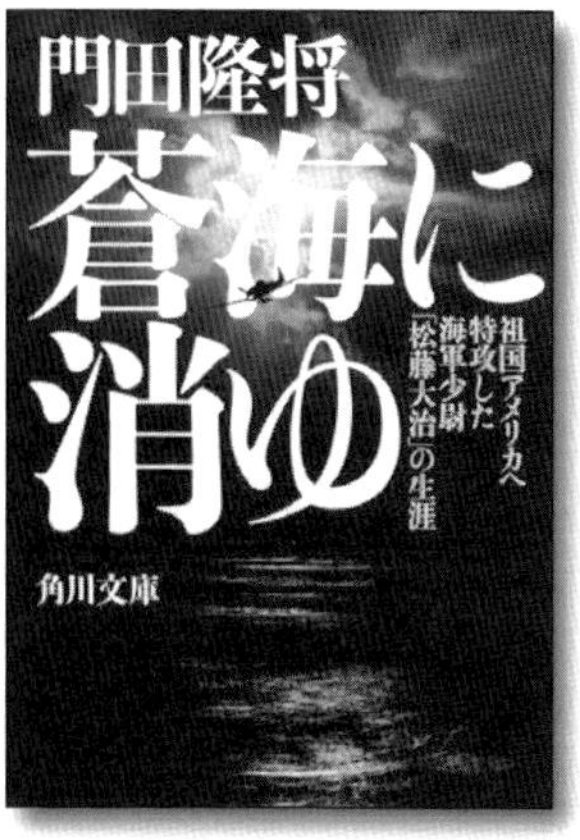

門田隆将（著）
角川文庫

日米の狭間で苦しんだ日系アメリカ人。特攻隊員としてアメリカ艦隊に突入

太平洋戦争において、複雑な立場に立たされたのが日系アメリカ人である。アメリカへの移住は19世紀末から本格的に始まり、大規模農業などに従事した。彼らは差別や偏見に苦しみながらも、真面目に働いて成功を収めるようになる。だがそれがアメリカ人の嫉妬心を駆り立たせ、排斥運動が盛んになっていく。太平洋戦争が始まると強制収容所に収監され、戦争が終わるまで不自由な生活を強いられた。

本書の主人公である松藤大治《まつふじおおじ》は、日系二世のアメリカ人として生まれた。少年時代の松藤は剣道やボーイスカウトに明け暮れ、頭脳も明晰でその将来が期待されていた。アメリカのジュニア・ハイスクールを卒業したあとは日本へ戻り、福岡県の糸島中学校に編入するが、中学でも剣道では向かうところ敵なしだった。成績もトップクラスで人望も厚く、周囲に自然と人が集まる青年だった。そして難関校である東京商科大学（現在の一橋大学）に合格するが、アメリカとの戦いは刻一刻と迫っていた。

大戦の直前、母のヨシノと弟のリキはアメリカに帰国するが、松藤は日本に残って学業

に励む。「将来は外交官になりたい」とも話していたが、その夢を無情にも引き裂いたのが、日本とアメリカ、２つの祖国の間で勃発した戦争であった。

そして昭和18年（１９４３）、松藤は学徒動員により軍隊に身を投じる。アメリカ国籍を持つ松藤は、それを理由に招集を断ることもできた。だが松藤が選んだのは、日本人として戦場に赴くことであった。

なぜ彼は日本に殉じる選択を下したのか？　今となっては、その理由をうかがい知ることはできない。だが同じ日系二世として学徒出陣した同輩は、松藤の心情を次のように推測している。

「松藤君が立派な日本人として死んでいくことは、〝両親のため〟でもあったと、私は思うんですよ。（略）ご両親が日本人としての誇りを持っていることを誰よりも松藤君が知っていたと思う」

松藤の家庭では、日本人としての潔《いさぎよ》さを大切にしていた。加えて剣道で育んだ武士道の精神が、彼を戦場へと駆り立てたのかもしれない。だがその一方で、アメリカを熟知していた松藤は、日本が戦争に負けることも確信していた。彼は勝つためでなく、死ぬために召集に応じたのである。

松藤は海軍航空隊に入隊し、厳しい訓練を受ける。水兵としての基礎教育を終えると、土浦航空隊や朝鮮の元山海軍航空隊で、航空機の特訓を重ねた。その中で松藤は優秀な成績を収めたが、戦局は悪化の一途をたどっており、ついに神風特攻が開始されるようになる。そして昭和20年（１９４５）２月、松藤は特攻隊員の指名を受け、死地へ赴く運命となった。

４月４日、松藤は仲間たちとともに元山を離れ、釜山を経由し、海軍の沖縄特攻の拠点である鹿屋基地へと移る。そして４月６日午後1時55分、松藤が所属する七生隊が、沖縄近海のアメリカ艦隊に向かって出撃する。隊長機からの「敵艦ニ必中突入中」という符号信号を残し、七生隊からの連絡は途絶えた。

著者の門田隆将は、巻末で「自らの運命に抗うことなく最後の日まで懸命に生きた松藤さんは、取材の過程で『運命に従うことの大切さ』をずっと私に語りかけてくれているような気がしました」と述べている。松藤は特攻という運命を受け入れて命を散らしたが、彼の体内にも流れていた武士道の精神は、現代にも受け継がれているはずだ。

特攻④

桜花
極限の特攻機

太平洋戦争末期、特攻のみを目的として製造されたロケット推進式小型高速機「桜花」。散華を前提にして設計された〝人間爆弾〟の製造から終戦までを、葛藤を抱えながら製造した技術者と、死ぬための飛行機に乗った搭乗員たちの姿を交えながらつづった作品。

内藤初穂（著）
中公文庫

非情すぎる特攻兵器「桜花」の登場
――「戦わんかな、最後の血一滴まで」

「桜花」は、特攻の中でも特に非情な兵器であった。ひとたび母機から投下されれば、生きて帰る可能性はまずなくなるからだ。その滑空降下速度は着地・着水の安全値をはるかに超えており、突入と同時に信管が作動する構造になっていた。搭乗員は、「桜花」の頭部につけられた重さ1200キロの爆弾とともに、爆砕するしかなかったのだ。

本作品を執筆した内藤初穂は、戦時中は海軍技術科士官として航空技術開発グループに属し、「桜花」とも縁があったが、あとがきでは「特攻兵器は技術に対する冒涜でしかない」と吐き捨てている。また技術者としての葛藤を、次のように表している。

当時の技術者のなかで、特攻兵機の開発に正面きって反対したものは一人もいない。命令とはいえ、機械の一部を人間に置きかえるという心の痛みを意識の外に追いやり、よりよい技術的成果をあげることに全力を傾けた。その間、私と同じ年配でありながら理工科系でなかった人たちは、つぎつぎに機械の部品となって突入していった。

本作品は多くの史料や証言に基づいて書かれており、「架空のものはいっさいない」と断じている。それだけに、描写はとても濃密で、迫力に満ちた作品となっている。

物語は昭和19年（1944）夏、姫路海軍航空隊で異例の操縦員集合がかけられたところから始まる。集まった操縦員たちに、飛行長はこう告げる。

「一発必殺の新兵器が開発されようとしている。命中すれば、大型空母の1隻轟沈は確実だという。ただこの兵器は、万が一にも生還の可能性はない」

一方、横須賀の海軍航空技術廠では、大田正一少尉が着想した新兵器の試作が作られていた。技術者たちは一式特攻に吊られたロケット爆弾を見て驚愕するが、大田が関係各所にアピールし、完成へとこぎつけた。

そして、「桜花」と名付けられたこの特攻兵器は、通称「神雷部隊」と呼ばれた第721海軍航空隊によって運ばれることになった。ところが隊を指揮する野中五郎隊長は、「桜花」があまり効果的でない兵器であることを見抜く。彼は「この槍、使い難し」と嘆き、「何とかして『桜花』の使用をやめさせてくれ」というほどだった。

だが非情にも、桜花作戦は実行へと移されることになる。昭和20年（1945）3月21

日、「桜花」15機を搭載した第一神風特別攻撃隊神雷部隊はついに出撃する。出撃に際し、野中は隊員たちに最後の訓示を行う。

「只今から敵機動部隊攻撃に向かう。まっすぐに猛撃を加えよ。空戦になったら遠慮はいらぬ。片端から叩き落せ。戦場は快晴、戦わんかな、最後の血一滴まで。太平洋を血の海たらしめよ」

こうして隊員たちはアメリカ第58機動部隊に向けて攻撃を仕掛けるが、艦隊のはるか手前で敵戦闘機の迎撃に遭い、全滅したのである。桜花作戦は完全に失敗だった。

ここで作戦を中止すれば、命を賭して戦った野中たちも報われるのだが、残念ながら作戦は続行される。だが大きな戦果は、駆逐艦1隻を真っ二つに折って撃沈させたくらいで、いたずらに死者を出す結果となった。

8月15日、特攻を指揮した宇垣纏《まとめ》中将は、10機の「彗星」を率いて沖縄に出撃し、特攻により命を落とした。翌16日、神風特別攻撃隊の創始者である大西瀧治郎は、割腹自殺してこの世を去った。一方、「桜花」を着想した大田中尉は心の均衡を失い、突然零式練習戦闘機に乗り、鹿島灘の沖合へと姿を消す。だが彼は一命を取り留め、その後は戦犯になるのを恐れ、長らく逃げ回ったという。

第7章 満州・朝鮮半島・ソ連

満州・朝鮮半島・ソ連 ①

ノモンハンの夏

ノモンハン事件は、関東軍のエリート参謀たちの暴走によって引き起こされ、その後の太平洋戦争はこの事件をなぞるような経緯をたどった。司馬遼太郎が書こうとして果たせなかったこの事件を総括的に論じ、「関東軍」なるものの本質をえぐり出した名著。

半藤一利(著)
文春文庫

司馬遼太郎が果たせなかったライフワーク

ノモンハン事件は、日独伊三国同盟に加盟するか否かで日本政界が喧々諤々の議論をしていた1939年（昭和14）5月から9月にかけて、旧満州国と外蒙古（現モンゴル人民共和国）の国境問題をめぐり、両国の後ろ盾である日本とソ連が交戦した「国境紛争」である。

「事件」とはいうものの、日本側の損耗率約3割（出動人員5万8925人のうち戦死者7720人、戦傷者8664人、ただし、主力の第23師団に限れば出動人員1万5975人中の損耗は1万2230人で76％にのぼる）に及ぶ実質的な戦争、しかも負け戦だった。

1972年に『坂の上の雲』の連載を完結させた司馬遼太郎は、同作を引き継ぐ作品として、ノモンハン事件を描いた小説を構想していた。

小説家・司馬の出発点は、22歳で終戦を迎えた彼が、「なぜこんな馬鹿な戦争をする国に産まれたのだろう？　いつから日本人はこんな馬鹿になったのだろう？」との疑問を抱いたことだといわれる。

『坂の上の雲』で日露戦争を描いた司馬には、これだけでは日本の近代を描き切ったことにはならないとの思いがあった。しかし、ノモンハン事件というフレームを通せば、大国ロシアを破ったことで軍部と国民が共に思い上がり、急速に夜郎自大化していった日露戦争後の日本が描けると考えていたのである。

司馬はこの事件を書くために、例のごとく膨大な資料を読み漁り、10年近くを費やして何人もの関係者への取材も進めていたという。だがすでに知られているように、小説として実現することはなかった。

文藝春秋社における司馬の担当編集者だった著者が司馬に執筆の展望を尋ねると、司馬は「僕の体力的にも気力的にも。もう無理なんだ」「これ以上何も言うな。それ以上書けという事は、俺に死ねということだよ」（ＮＨＫ「戦後史証言アーカイブス」より）と語ったという。

太平洋戦争での失敗を予行

本書は司馬の取材にもたびたび同行していた著者が、司馬の遺志を受け継ぎ、ノモンハン事件の総体を描き出そうとしたノンフィクションである。

ノモンハン事件の発端は、よくある国境をめぐっての小競り合いにすぎなかった。日本および満州国は、モンゴル北東部のハルハ川を満洲国と外蒙古の国境と主張していたが、外蒙古とソ連は川の東岸地域までが領土と主張、両国間では1939年5月以前から小競り合いが頻発していた。だが、5月4日に始まる境界侵犯では、どちらが先に国境を超えたのか不明ながら大規模な銃撃戦となり、すぐさま日本軍とソ連軍の代理戦争に発展した。

この紛争に際して陸軍中央は、当初は不拡大方針を厳命していた。だがこれに対して服部卓四郎中佐や辻政信少佐に代表される関東軍参謀たちは、軍中央の方針を無視して独断と暴走を繰り返した。「不言実行こそがわれら関東軍の伝統」と嘯き、外蒙古領内の航空基地への攻撃さえ、統帥権者である天皇の命令なしに計画していたのである。

著者ならびに司馬の著作には、日本陸軍を理解するためのキーワードとして「統帥権」がしばしば出てくるが、本書でもそれは頻出する。

陸軍は自分の意志を押しとおすためには、外には統帥権の独立を強調し、利用した。しかし自分に都合の悪いときには都合のいい理屈をつけて、これを完全に無視したのである。かれらは「天皇の軍隊」を誇示しながら、天皇に背くことに全く平気であった。

昭和の陸軍は、戦争にさいしては政治に影響されずに、軍独自に作戦を遂行する権限、それが統帥権であるとして、「魔法の杖」のようにいざというときにもちだしてふりまわした。いまや、その統帥権を行使できるのは大権をもつ大元帥だけであることも忘れているほど、のぼせあがっている。しかも、このころからおかしな論理がひそかにささやかれだしている。／大御心が間違っている場合だってある、国家の大事のためには聞かなくてもいい。

こうした暴走を東京の参謀本部は、著者がいうところの「作戦課育ち同士の不思議なな
れ合い」でことごとく追認。まかり違えばソ連との全面戦争に発展する可能性もあったのである。

本書を読めば、関東軍がノモンハンで失敗した理由はいやでも理解できるが、それはその後の太平洋戦争でも日本軍が犯し、国を滅亡に追い込んだものとほとんど同一のものだ。

たとえば関東軍の参謀たちは日露戦争の成功体験に囚われ慢心し、敵方の戦力を見誤っ

ていた。関東軍が秘密裏に作成していた「対ソ戦闘要項」には、ソ連兵を侮る、以下のような記述があるという。

ソ人は概して頭脳粗雑、科学的思想発達せず。従って事物を精密に計画し、これを着実かつ組織的に遂行するの素性および能力十分ならず。また鈍重にして変通の才を欠く所多し。

その事大性から強者には実力以上に怯、弱者には実力以上に勇。

独断および企図心に欠け、既定計画、命令を墨守して多く戦機を逸する。

こうした彼らが立案する作戦は、行き当たりばったりで計画性を欠いており、近代戦で欠くべからざる兵站理解度の低さもすでに露呈していた。戦場となったノモンハンは満州国側の鉄道駅から200㎞のところに位置していたのに対して、外蒙側の駅からは750㎞離れた位置にあった。そのため関東軍は補給線有利と見ていたが、実際にはソ連はすでに自動車による大量輸送を実現しており、日本を圧倒する兵力と火器弾薬を補給する体制を整えていたのである。

戦地の地形調査も極めていい加減なものだった。本書によれば、戦後ノモンハン事件参戦者と遺族の慰霊団が、ソ蒙軍の砲兵陣地のあったコマツ台地に立って旧戦場を覗きこんだところ、あまりの見通しの良さに、「これじゃ全くの見下ろしだ」「ソ連軍の庭みたいじゃないか」など、驚きの声があがったという。

陸軍中央は事件後に大規模なノモンハン事件研究委員会を組織し、失敗を今後に活かすために研究をしているという。だが、著者はそれを、「要はほとんど学ばなかった」と切り捨てている。

そして太平洋戦争で同じあやまちをくり返した。／その根本は、ノモンハン事件を日本軍がソ連軍と戦った最初の本格的な近代戦とみなさなかったことにある。局地における寡兵による特殊な戦いと出発点から規定してしまえば、いくら検討しようが、結論はまともなものとはならない。

辻政信という「絶対悪」

司馬の大阪外語大学蒙古語専攻科の先輩である北川四郎は、著書『司馬遼太郎は何故ノモンハンを書かなかったか』の中で、司馬遼太郎は悪人を書くことができない作家であると述べている。ノモンハン事件における日本側の中心人物は誰かと問われれば、やはり辻政信参謀ということになるだろう。だが口ばかりが達者で立案する作戦はどれも杜撰《ずさん》、そのくせ出世や保身に関しては人一倍嗅覚の働く辻が、司馬作品の主人公におよそ似つかわしくないことは一目瞭然である。

辻政信などは、部隊が山上の敵を攻めているのをうしろで見ていて、もっと早く攻めさせろなどと言っている。攻めてる兵隊たちは、非常な苦労をしているというのに、ただやれやれでしょう。兵隊は山を上りながら死ぬ。そうした命令を無造作に出せるんですからねえ（本書に収録された、作家伊藤桂一の証言）

何より信じがたいのは、こうした無謀な作戦で兵士を無駄死にさせた辻と服部が、それから1年足らずで陸軍中央に返り咲いているということだ。二人はノモンハン事件後に一時的に左遷されたものの、すぐに参謀本部作戦課に栄転。服部は作戦課長、辻はそれを補佐する作戦課戦力班長となっているのである。そしてこの二人組は、日米開戦に当たって持ち前の弁舌を駆使して強力に主戦論を主張。思惑通り日米開戦に導いた後のガダルカナル島の戦いでは、ノモンハン同様に兵站をろくに考えることなく無謀に兵力を投入し、投入した約2万人の兵士のうち、1万5000人を餓死させている。

だが、辻は戦後も責任を取ることはなかった。終戦を迎えると同時に戦争責任追及を避けるために逃亡生活に入り、占領末期まで逃げ切ってから出版した逃亡記『潜行三千里』はベストセラーとなった。1952年に衆議院議員に初当選すると、その後は国会議員を計5期（衆議院4期、参議院1期）務め上げた。

著者は、戦後の昭和29年に辻代議士に会った時の思い出も書いているが、その時に辻は著者に向かって、「憲法を改めて、祖国の防衛は国民の崇高な義務であることを明らかにせよなどと日本防衛論をまくしたてたという。

このとき著者は、「およそ現実の人の世には存在することはないとずっと考えていた『絶対悪』が、背広姿でふわふわとしたソファに坐っているのを眼前に見るの思いを抱いた」という。この言葉に、深く肯《うなず》かざるをえない。

満州・朝鮮半島・ソ連②

ソ連が満州に侵攻した夏

日本人捕虜のシベリア抑留、中国残留孤児など、戦後も永く爪痕を残した諸悲劇は、いかにして引き起こされたのか。ソ連対日参戦に至るまでの、内外の指導者らの動きを克明に追うことで明らかにする。

半藤一利（著）
文春文庫

関東軍による棄民とソ連が行った残虐行為の意味

1945年8月9日未明、ソ連は日ソ中立条約を破棄し、満州に侵攻した。これにより日本軍は8万人以上が戦死。のみならず将兵を中心に日本人男子57万人が強制連行されてシベリアでの労働に従事させられ、女性や子どもを含む民間人100万人が、無警告・無防備のまま中国大陸に取り残された。ソ連の対日参戦は、シベリア抑留、中国残留孤児問題など戦後も永く禍根を残したのである。

「ノモンハン事件」に続いて、この「侵攻」に至るまでの過程を調べきった著者は、当時の日本の軍事・政治指導者たちが、ソ連の対日参戦の可能性に対して全く無防備だったと指摘する。

彼らは、日ソ中立条約は一方が破約しても1年は効力を有することを根拠に侵攻はないと決めてかかっており、スターリンはドイツ戦終盤には対日参戦を決めていたにもかかわらず、米英との停戦交渉を仲介してくれるであろうなどという甘い期待を抱いていたのだ。

そうしたなかで8月9日にソ連が国境を踏み越えると、関東軍総司令部は、満州に残された民間人を無視して早々に新京から離脱してしまった。しかも新京の避難民の輸送に関して、事前に「民・官・軍」の家族の順で輸送すると事前に決められていたにもかかわらず、実際の輸送は軍最優先で民間人は後回しにしていた。

当時の新京在住者約14万人のうち、11日の正午頃までに出た列車で避難できたのは約3万8000人。しかしその内訳は軍関係者家族だけで2万3000人余を占め、残りは大使館など官の家族750人、満鉄関係者家族1万6700人だった。一般市民の家族はほとんど含まれていなかったという。かくして満州全体で100万人といわれる民間人が見捨てられた。

民衆を守るべき近代国家の軍隊が、かくも情けない、無責任な行動に出てしまった理由について、著者は明晰な洞察を加えている。

だが、考えてみれば、日本の軍隊はそのように形成されてはいなかったのである。国民の軍隊ではなく、天皇の軍隊であった。国体護持軍であり、そのための作戦命令は至上であった。

終始冷静に歴史を物語っている本書において、著者の怒りの感情が隠せなくなっている箇所は2つある。ひとつはこの関東軍による棄民の場面だが、もうひとつはソ連軍が混乱に乗じて行った虐殺、略奪、強姦など一連の非人道的行為について触れた箇所だ。

本書はこの残虐行為が、「戦争一般にありがちな偶発的、個別的な事象」ではなく、スターリンを頂点とした上層部によって、兵士への「報酬」として積極的に黙認されていたこともスターリンの娘の手記などから示唆している。57万人を強制連行し、強制労働に従事させた明白な国際法違反についても、連合国にとっては前代未聞の蛮行ながら、スターリンにとっては「戦後補償」の一環だったようだ。

ヒトラーとならぶこの20世紀屈指の独裁者が何を考え、何をしたのか、日本人はもっと学んでおく必要がありそうだ。

満州・朝鮮半島・ソ連③

竹林はるか遠く

日本人少女ヨーコの戦争体験記

ソ連侵攻時、日本軍の棄民により多くの民間人が中国大陸に取り残される一方、幸いにも逃げることができた人々の運命も過酷を極めた。敗戦当時11歳だった著者が、自らの引き揚げ体験を綴った自伝小説。

ヨーコ・カワシマ・ワトキンズ（著・監訳）
ハート出版

引揚者の苦難に満ちた旅路

著者のヨーコ・カワシマ・ワトキンズは1933年（昭和8）、青森生まれ。生後6カ月で南満州鉄道（満鉄）に勤務する父親に連れられ、一家で朝鮮北部の羅南（現在の北朝鮮・咸鏡北道清津市）に移住した。だが、敗戦直前の1945年7月末に母、姉と羅南を脱出。朝鮮半島を命がけで縦断し、日本に引き揚げた経験を持つ。

本書は、戦後アメリカ人男性と結婚し米国に定住した著者が、自らの引き揚げ体験を自伝的小説のスタイルで綴ったものだ。1986年に「So Far from the Bamboo Grove」のタイトルで米国で出版されると優良図書に選出されたほか、各地の中学校で副読本にも採用。永く同国の子どもたちに戦争の現実を伝える役目を果たしてきた。

主人公「擁子《ようこ》」は11歳の少女。日本の敗戦が迫っていた7月29日の深夜、母親と姉・好《こう》と三人で赤十字の病人専用列車に乗せてもらい、かろうじて羅南を脱出する。彼女らの引き揚げの行程は全編苦難続きだが、とりわけこの車中の描写は「地獄絵図」としか形容できない。

母娘が飛び乗ったのは女性患者の専用貨車で、車輌の隅には大小便用隅に2つの大きなタライが置かれていた。このような不衛生で、食料も水もない狭い空間に乳幼児や妊婦まで押し込められていたのだ。擁子と会話を交わした母親は乳幼児を栄養失調で亡くし半狂乱になるが、衛生兵は母親から赤ん坊の死体を取り上げ、窓から放り投げてしまう。渇きを癒やすためにタライの尿をすする人も出るなか、乗客は栄養失調や病気でバタバタと死んでいく。死体は車輌の入り口まで引きずられ、転げ落とされて一人また一人と名前を名簿から消されていく——。

その後、列車はソウルに到着する前に爆撃を受け、やむなく母娘は徒歩での逃避行を敢行する。日本にようやく戻った姉妹が母親と死に別れ、兄淑世と再会するところで本書は一旦完結するが、その後の苦難は、続編である『続・竹林はるか遠く　兄と姉とヨーコの戦後物語』(原題「My Brother, My Sister, and I」)で読むことができる。

なお本書には、日本人引揚者に対し朝鮮共産党など朝鮮人が暴行・強姦を働く場面が登場するが、これを「事実無根」とする一部の韓国人、韓国系アメリカ人らが2007年に本書の教材使用禁止運動を起こしたこともあった。

だが、本書において、著者は親切な朝鮮人から受けた好意・恩義についても公平に記し、日本軍や日本の民間人から受けたひどい仕打ちについても率直に描写している。その著者の執筆意図が、特定の国家・民族への攻撃などにないことはいうまでもない。

同様に、本書にまつわる一連の騒動を、同時代の韓国人を貶める材料に使っていいはずもない。

満州・朝鮮半島・ソ連 ④

満州の記録

満映フィルムに映された満州

敗戦とともにソ連に持ち去られ、戦後50年目にようやく公開された「満映」制作映画の数々を写真で紹介。当時の開拓民、居留民の暮らしがわかるとともに、傀儡国家・満州国のプロパガンダの実態も浮かび上がる。

山口 猛（著）
集英社

満州国のプロパガンダ目的で記録されたフィルムが物語るもの

満洲映画協会（満映）は、満州国における「映画国策」、すなわち「五族協和」「王道楽土」など、関東軍の傀儡政権である満州国の理念をプロパガンダする映画をつくることを目的に設立された映画会社だ。二代目理事長は関東大震災の混乱に乗じて無政府主義者大杉栄を殺害した元陸軍憲兵、甘粕正彦であり、甘粕のもと旧満州国のニュース映画や啓蒙映画のほか、スター女優、李香蘭（山口淑子）を起用した娯楽映画もつくられた。

満映が撮影した作品の多くは、第二次大戦末期にソ連軍によって持ち去られ、永らく日の目を見ることがなかった。ところが戦後50年目、モスクワ郊外の「ロシア国立映像資料館」（映画好きで知られたスターリンの意向で設立されたという）から、満映制作のフィルムが３００巻、時間にして38時間分発見された。本書はその中から主だった写真６００点を選んで収録、解説したもので、満州にゆかりのある14人の著名人が解説、あるいは満州での生活や戦時体験を回想する文を寄せている。

冒頭から、満州事変（柳条湖事件）、満州国建国宣言、満州国協和会発足。続いて盧溝橋事件の勃発、日本軍の北京入城、上海総攻撃など「新国家」満州国における歴史的事件の記録映画の写真が収録されている。日本が傀儡政権を成立させていく過程であるとともに、そのプロパガンダの記録と見るべきだろう。

後半になるほど日中戦争の拡大を感じさせる写真が増えていき、その中にはB29を撃墜したものもある。飛行能力が高いB29は、満州でもなかなか撃墜できず関東軍は苦労していたとのことだが、まれに撃墜に成功すると、戦果を過大に宣伝する格好の材料として大々的に映画に使われたのだそうだ。

巻末にはソ連軍のフィルムも収録されているので対照させると面白い。満映フィルムでは終始、勇猛果敢な軍隊として描かれている関東軍は、当然ながらソ連側のフィルムでは中国人を爆殺する残虐非道な集団である。日本側から見れば、敗北戦であるため映像記録が残されなかったノモンハン事件の記録フィルムや、敗戦間際に日本への亡命を試みていた満州国皇帝・溥儀が、逮捕され、連行される場面のフィルムも収められている。

解説は、俳優の森繁久弥のものが出色である。当時、森繁はＮＨＫのアナウンサーとして満映に派遣され、ソ連侵攻時まで在籍していたのだ。森繁ら局員が満州を引き揚げる際、甘粕正彦理事長はキチンとした格好で職員皆に別れの挨拶をし、森繁個人にも「森繁くん、しっかりやりたまえ」と声をかけたという。甘粕が服毒自殺する、その2日前のことだった。

第8章

沖縄戦

©Corbis/amanaimages

沖縄戦①

ペリリュー・沖縄戦記

人間性を失わないと、戦場では生きられない。ペリリュー島、沖縄戦に参加した経験を通じて、戦場の中における人間性の摩滅と、精神の苛酷さを実感する。勝利した米国の側であっても、やすやすと勝てたわけではない。

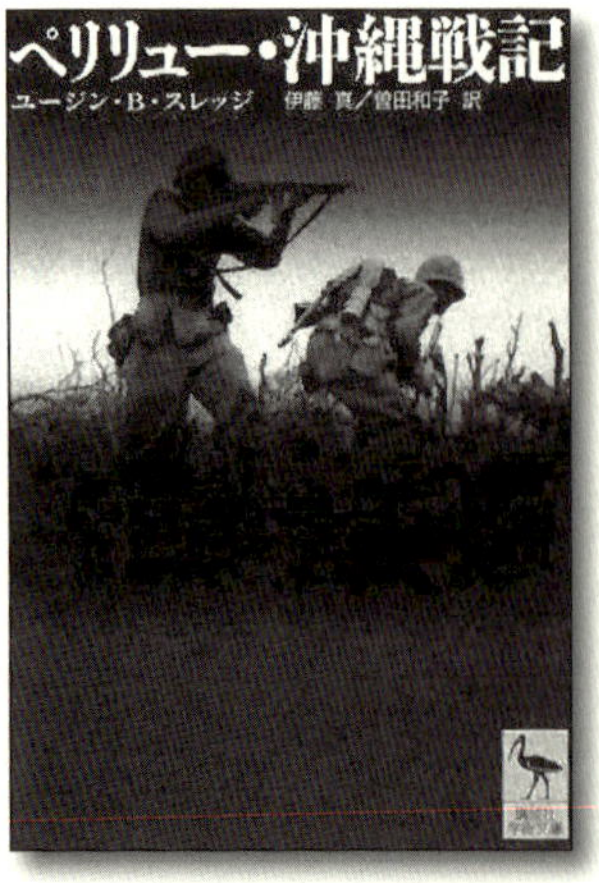

ユージン・B・スレッジ(著)
伊藤 真・曽田和子(訳)
講談社現代新書

米軍の側から見た日本兵の姿とは

沖縄での戦闘については、その戦闘を体験した多くの非戦闘員が記録を残している。しかし、戦闘員に加わった人は多くが命を落とし、記録は少ない。

これは、戦闘員に加わった軍人、それも戦争の相手方であるアメリカ軍の海兵隊員が残した記録である。

ユージン・B・スレッジは、1942年にマリオン・ミリタリー・インスティチュートに在籍していたときに海兵隊への入隊を志願した。アメリカの海兵隊は、緊急展開部隊であり、上陸戦を中心とする水陸両用部隊である。専門は、米国外への遠征だ。

歩兵としての厳しい訓練を経たあと、スレッジはパラオのペリリュー島へと向かった。古参兵から「やつらほど卑劣なクソ野郎どもはいないからだ」といわれた。死んだふりをして手榴弾を投げつけたり、アメリカ兵に救いを求めるふりをしてナイフで刺し殺したりされたアメリカ兵は、日本兵に対し憎悪を抱いていた。しかし、スレッジは日本兵も「狂信的な敵愾心」を持っていると考え、こう述べている。「海兵隊員の日本兵に対する憎悪と、日本兵の大義に寄せる火の玉のような熱い思いは、両者の間に容赦のない、残忍かつ凶暴な戦闘をもたらした」

上陸作戦を行い、日本兵との戦闘を繰り返す。その中で兵士は残忍な行動をとるようになる。生きている日本兵から金歯を奪おうとするその様子を見て、スレッジは「歩兵にとっての戦争はむごたらしい死と恐怖、緊張、疲労、不潔さの連続だ。そんな野蛮な状況で生き延びるために戦っていれば、良識ある人間も信じられないほど残忍な行動が取れるようになる」と述べる。

そして、実際に戦闘行為に参加している者は、戦いの中で次第に精神に変化が起こっていく。

非戦闘員や戦闘の周辺にいるものにとっては、戦争とはひたすら退屈なもの、あるいはときに気分の高揚するものにすぎない。しかし、人肉粉砕機（ミート・グラインダー）に放り込まれた者にとって戦争は恐怖の地獄であり、死傷者が増え、戦いが延々と長引くにつれて、二度とここからは逃れられないという思いが募る。

日本兵が激しい抵抗を続ける中、戦闘は泥沼に入っていく。戦闘が終わったとき、日本軍はほぼ壊滅状態、アメリカ軍にも多くの死者が出た。「真に優秀なアメリカ兵の集団でなければ、勝つことはできなかっただろう」と振りかえる。

恐怖の中での戦いが精神を蝕んでいく

ガダルカナルで演習を重ねたあと、沖縄へと向かった。沖縄では、日本軍はペリリューや硫黄島での経験を生かし、複雑な地形を利用しての防衛戦をするべく、待ち構えていた。沖縄本島への上陸作戦自体は、すんなりと終わった。スレッジは戦闘地域ではじめて民間人を見た。「最も哀れを誘うのは、彼らがわれわれの上陸・侵攻に大きなショックをうけて呆然としていること、そしてわれわれを死ぬほど恐れていることだった」と沖縄の人が米兵をおそれ、どうしていいかわからない様子になっているのを見た。

スレッジたちは北へ向かい、田畑の中を、先に攻撃した部隊が倒した日本人の死体の中を歩いて行った。その中で、陸軍が沖縄南部で苦戦を強いられているという噂を耳にする。南部への転進命令が下った。日本軍はライフルと機関銃を掃射しつづけ、激しい抵抗を続けた。その中で激しい恐怖に襲われた。

沖縄戦の記述は、戦闘が終わりに近づくにつれて、恐怖についての言及が多くなる。どこから襲ってくるかわからない日本兵、過酷な戦闘による疲労のなか、戦えば戦うほど泥沼にはまっていくような感じがする。

その中で亡くなった仲間たちの遺体を埋めることさえもできず、放置するしかなくなっていた。

正気を失うまい。

精神に異常をきたしかねないような戦場でスレッジは決意した。「身の毛もよだつ戦場に生きて、昼も夜もなく延々と戦いつづけ、しかも正気でいられるなどということは、自分の目で見ないかぎり想像もつかないだろう。だが、私はそれを沖縄でいやというほど見てきた。私にとって、あの戦争は狂気そのものだった」と当時を振り返っている。多くの仲間が戦後、戦争神経症に苦しんでいる。

そのころ、戦友からの手紙が届く。その中で、かつての戦友以外と心が通じないということが書かれていた。「どんなにいい暮らしに恵まれても、どんな贅沢ができても、戦場で固く結ばれた男同士の友愛には代えられない」と。スレッジは「戦争にはうんざりしていても、普通の社会生活や安楽な国内の軍務に順応することのほうがむずかしかったのだ」と記す。戦争経験者と、そうではない人の間には決定的な溝があるということだ。

死闘が繰り返された末、1945年6月21日午後にアメリカ軍最高司令部は沖縄作戦の勝利を宣言した。米軍の死者・行方不明者7613名。負傷者3万1807名。ほかに、神経を病んだ事故兵が2万6221名。スレッジはその理由を「日本軍が太平洋戦線では前例がないほどのすさまじい集中砲火を、アメリカ軍各部隊に浴びせた」「死に物狂いの敵を相手に、終わりなき接近戦を続けざるを得なかった」こととしている。

日本兵の戦いは勇敢だった、と一般にはいわれる。太平洋戦争での日本兵をたたえる見方もある。しかし、それは本当に正しい見方なのだろうか。本書を読むと、日本兵は非常にしぶとい。どんなことがあっても相手に対し抵抗し、自らの命を断っても、相手に打撃を与えようとする。

戦場と狂気

戦場は、狂気に満ちている。スレッジの記述も、戦場でおかしくはならないだろうか、正気を抱けるだろうかということに焦点をあてているものが多い。戦っても戦っても、倒しても倒しても、それでも現れる日本兵に恐ろしさを抱き、その記憶に戦後もさいなまれる。

後の戦争でも、そういったことは起こっている。ベトナム戦争やイラク戦争での帰還兵が、精神的に傷つくということは多く起こっている。日本でも、自衛隊のイラク派遣での帰還者の自殺率が高いという話は知られている。

本書は、アメリカ軍に所属していた人によって書かれた日本軍との戦いの記録だ。勝った側の記録だ。しかし、勝った側も簡単に勝てたわけではない。命を落とし、あるいは人間性を崩壊させ、戦場に挑んだ。ましてや、相手側である日本は非力でありながらもマインドコントロールは徹底されており、命さえも惜しくはないという教育を受けてきた人たちだ。勝者であるアメリカ軍も、敗者である日本軍も、人間性を失っていたのである。戦場で生きるということは、人間性を失うことなのだ。

沖縄戦②

ひめゆりの沖縄戦
少女は嵐のなかを生きた

地上戦の現場とは何か。その中で非戦闘員はどう動いたか。爆音の中での卒業式のあと、ひめゆり学徒隊は看護のために動員される。兵士とともに沖縄本島南部を転々とした経験から、戦後は復帰闘争の中心となる。

伊波園子（著）
岩波ジュニア新書

着弾の音が迫るなかでの夜間の卒業式

いまの40代以下くらいの人には、修学旅行で沖縄に行った人も多いかもしれない。飛行機での修学旅行が普及し、沖縄に行くことが多くなったからだ。

ひめゆり記念資料館や沖縄県平和記念資料館は、沖縄修学旅行で行く人も多いところだ。多くの修学旅行生が展示を見、近くの「平和の礎《いしじ》」を見ることで、沖縄での地上戦の厳しさを考え、戦争への認識をあらためる。

多くの沖縄修学旅行では、沖縄戦の体験を経験者から聞くという時間が設定される。『ひめゆりの沖縄戦』の著者・伊波園子さんは、ひめゆり記念資料館でひめゆり学徒隊の経験を語る証言員として資料館に立ち、多くの来場者に沖縄戦の体験を伝えている。

その伊波さんが、ひめゆり学徒隊での経験をまとめたのが本書である。

那覇にあった師範学校女子部に通っていた伊波さんは、戦局が悪化し、授業のかわりの奉仕作業が増えていく中、音楽の時間には軍歌を歌い、体育では軍事教練をするという生活をしていた。

その中で卒業式が近づき、「残って学校と運命をともにするか。それとも自宅へ帰るか」といわれた。北部の名護市生まれの伊波さんは、家に帰ろうとした。しかし、現実には家に帰ることはできなかった。

3月初旬の卒業式は10日に延期になり、さらに延びていった。4月には教師として赴任しなければならないため、25日に卒業式をすることになった。しかし、23日未明から米軍による上陸作戦が展開され、陸軍病院の従軍看護隊として動員されることになった。卒業式は29日、それも夜10時に、兵舎の中で行われた。そのとき、艦砲着弾の音が周囲を震わせ、感慨にふける余裕などはなかった。

壕の中での看護、そして最南端の喜屋武岬へ

伊波さんは南風原陸軍病院の壕《ごう》では、兵士の看護などのさまざまな仕事をした。兵士が切り込みをし、多くは死に、負傷した人が次々に壕に送られるようになった。その中で危機を身近に感じながら、看護専門になった。

壕の中では、糞尿や膿《うみ》の臭いと人いきれの異臭にあふれ、吐き気を抑えた。

友人たちは続々と戦死し、毎夜100名もの負傷兵が治療室と手術室に殺到する。その中で看護の仕事は忙しくなり、12時間の交代勤務が、延長されることもしばしばだった。

「勇ましい兵士たちが、紅顔の初年兵たちが、泥にまみれ、血にまみれ、シラミやウジにたかられて、はかなく命を落としてしまうのは、どんなに無念なことだったでしょう。ほんの一にぎりの土をすくって、振りかけて合掌するだけが私たちにできるせいぜいでした」

伊波さんはそう記している。

南風原陸軍病院から脱出し、壕を転々としている中、食料も、包帯などの衛生材料も少なくなっていく。伊原第一外科壕で、同級生たちと再開するも、学徒動員が解散になって自由行動が告げられた。

多くの人たちが壕を出ており、6月19日には出遅れた人たちがいるだけになった。

人々は最南端の喜屋武《きやん》岬へと向かって歩き、泣く子を殺せと兵隊にいわれた母親と話したりする中で、「今晩海に入りて自決せん」という一枚の紙切れが回ってきた。伊波さんたちは「時機いまだ至らず」と書いて回した。

「自決！　ただそれだけが私たちに残された唯一の道だろうか。思えば、この敗戦にとって、あるいは万一の勝ち戦にとって、私一個の自決がどれだけの意味を持つだろうか。一少女の自決、それは美しい話にちがいない。しかし、美しい話のみが真理だろうか」と想念が浮かび、「頭のなかが割れるような痛みを感じました」という状況になった。

生米をかんでは粉醤油をなめ、のどはかわく。写真や手帳などをちぎり、死の準備を進めていた。自決についての話し合いをし、決心した。「死ぬときは、みんないっしょでなければいやだ」という意見が、「みんなの意見」だった。

　自決、それはけっしてこわいことではありませんでした。むしろ、息づまるような不安から永遠の平和へと逃れることでした。しかし、私の心の奥にはなお生への執着が根強くはっていました。

6月21日、伊波さんたちは米兵に助けられた。しかし、先生やひめゆり学徒隊員たちの中には、自決した人も大勢いた。8月15日の敗戦は、収容された米軍の野戦病院で聞いた。

沖縄の人たちを突き動かす使命感

傷を癒やしたのち、伊波さんは教師になった。米国統治下の沖縄で、強制的な土地収容が行われる中、教師たちは土地返還要求闘争、祖国復帰運動の中心となっていった。

『ひめゆりの沖縄戦』では、平和ガイドの会の村上有慶氏が章ごとに解説を記している。「忘れようとしても忘れられない地獄」の中に生きたひめゆり学徒隊の人たちは、戦後は多くが教壇で平和教育に力をつくしてきた。「沖縄にはいまも広大な米軍の基地がいすわり、地球を何回も壊滅できるほどの核兵器がにらみあっている。戦争を放棄し、平和国家として生まれ変わったはずの日本がなぜ？　そんなつよい疑問が彼女たちを悩ませました。『死んでしまった何もいえない学友たちに代わって、生き残った自分たちが戦争体験を語り、平和を叫ばなければならない』」と村上氏は解説する。そして「使命感ともいえるつよい気持ちが、彼女たちの重い口を開かせはじめたのです」と述べている。

沖縄では反基地の意識が高まっている。普天間基地の辺野古への移設問題は、いまなお解決の見通しが立たない。辺野古移設の賛成派は、日米同盟の重視や、対中国の戦略拠点としての沖縄の重要性を口にする。しかし、実際に地上戦を経験した沖縄では、そういった意見は多数派とはならない。沖縄県の地元紙、『琉球新報』『沖縄タイムス』は、辺野古移設への反対の論調を鮮明にしている。

２０１５年の5月17日には、那覇市で翁長雄志知事らが出席して辺野古への移設反対の大規模集会が行われ、「沖縄県の民意を伝えたにもかかわらず、安倍総理大臣は日米首脳会談の共同会見で『普天間基地の危険性を辺野古への移設で一日も早く除去する』と発言し、強い憤りを感じている」（ＮＨＫニュースより）と知事は発言した。もと白梅学徒隊員の中山きくさんは、「武力を伴わない平和が一番だということを戦争を知らない皆さんも分かってください。基地を強化して戦争が無くなるわけではありません」（同）という。地上戦を経験し、多くの犠牲者が出たという事実が、沖縄の人たちを突き動かしている。

沖縄戦③

沖縄の旅・アブチラガマと轟の壕 国内が戦場になったとき

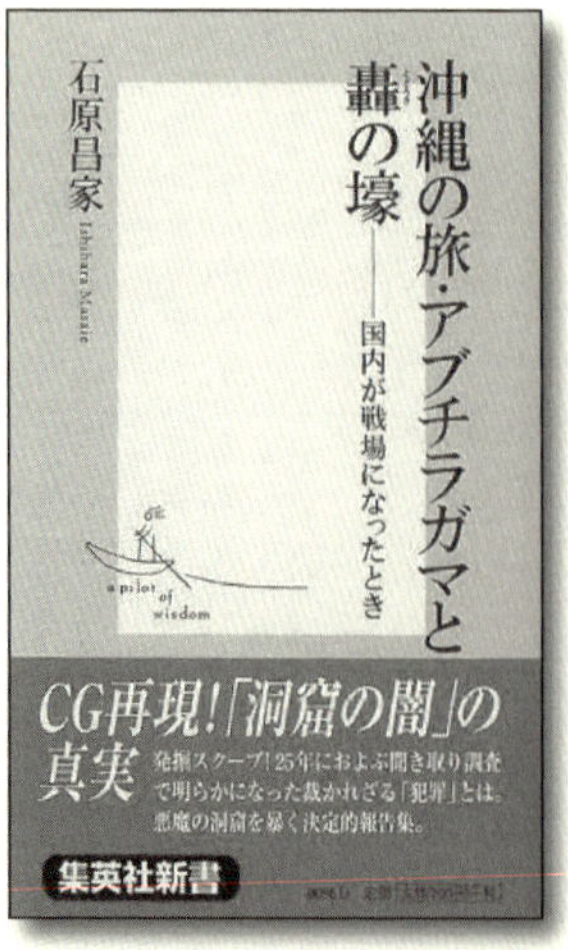

沖縄の旅・アブチラガマと轟の壕
——国内が戦場になったとき
石原昌家
Ishihara Masaie
a pilot of wisdom
CG再現!「洞窟の闇」の真実
発掘スクープ!25年におよぶ聞き取り調査で明らかになった裁かれざる「犯罪」とは。悪魔の洞窟を暴く決定的報告集。
集英社新書

石原昌家(著)
集英社新書

沖縄戦では、「ガマ」「壕」といった自然の洞くつを戦闘の拠点にしていた。その中で日本軍は何を行ったたか。病人のあふれるなか死を求められ、沖縄戦が終結してもなおも抵抗を続けたケースもあった。

アブチラガマと轟《とどろき》の壕《ごう》で何が起きていたか

サンゴ礁に囲まれ、石灰岩でできている沖縄本島には、「ガマ」と呼ばれる自然の洞くつが数多くある。沖縄戦、それも後期の沖縄本島南部で行われた戦闘では、その「ガマ」で多くの惨劇が起こった。那覇市出身の沖縄国際大学教授（刊行当時）・石原昌家は、学生たちと「ガマ」の調査、「ガマ」での戦争体験の聞き取り調査をし、その中で何が行われたかをこの本に記している。

南城市玉城《たまぐすく》字糸数にあるアブチラガマ（糸数壕）は、1945年2月から日本軍の陣地として使われていた。日本軍は正面からの戦闘を避け、洞くつを陣地にする作戦をとっていた。ガマの中に兵舎をつくり、戦闘に備えるための倉庫もつくった。爆雷を搭載して敵艦に体当りする特攻艇の基地としても使われた。ガマの中では標準語以外の言葉を使うことを禁じられ、沖縄の言葉を使う人はスパイだとみなされた。その時代は、沖縄県民のほとんどが方言を話していた。

5月1日からは、アブチラガマは南風原陸軍病院の糸数分室としても使用されるようになった。「ひめゆり学徒看護隊」の一部が派遣され、ガマには多くの患者が運びこまれた。数日でガマは満杯になり、破傷風の患者や砲弾での傷口にウジがわいた患者、戦闘のせいで精神がおかしくなった患者であふれた。

しかし25日には、撤退の命令が出た。重症の患者には、青酸カリが渡された。6月になり戦闘が末期になると、軍・官・民が共用でガマを使用するようになった。住民も武装し、籠城生活をはじめた。そのころから米軍は地上からさまざまな攻撃をしかけ、ガマの中では死傷者が続出。6月23日がすぎてもガマでは抵抗が続いた。

糸満市の轟の壕では、日本軍が来て壕から人を出さないように監視していた。食料がなくなっていく中で出て行く者がいれば、殺していた。壕に運び込まれる負傷兵は安楽死させ、重傷者を死体として扱った。

これらの洞くつでは、沖縄戦が終わっても知らされず、地下で抵抗を続けさせられたり、あるいは餓死するしかなかった人々も多い。同書は丹念な取材により、極限状態での人の生き方、現代の地上戦でも起きうる事態、そして軍隊がどう住民を抑圧したかを記した本である。軍隊が自国民をも殺すという非人間的な状況はなぜ生まれてしまったのか——沖縄戦から私たちが学ぶべき教訓である。

第9章
捕虜・その他

©共同通信社/アマナイメージズ

捕虜・その他①

真珠湾収容所の捕虜たち

情報将校の見た日本軍と敗戦日本

日本語のわかる米軍情報将校は、日本兵をどう見たか。その中で日本人の資質をどう考えたか。捕虜に接する際には人間味を忘れないことを意識した著者は、日本人の資質を見抜きながら民主主義を教える。

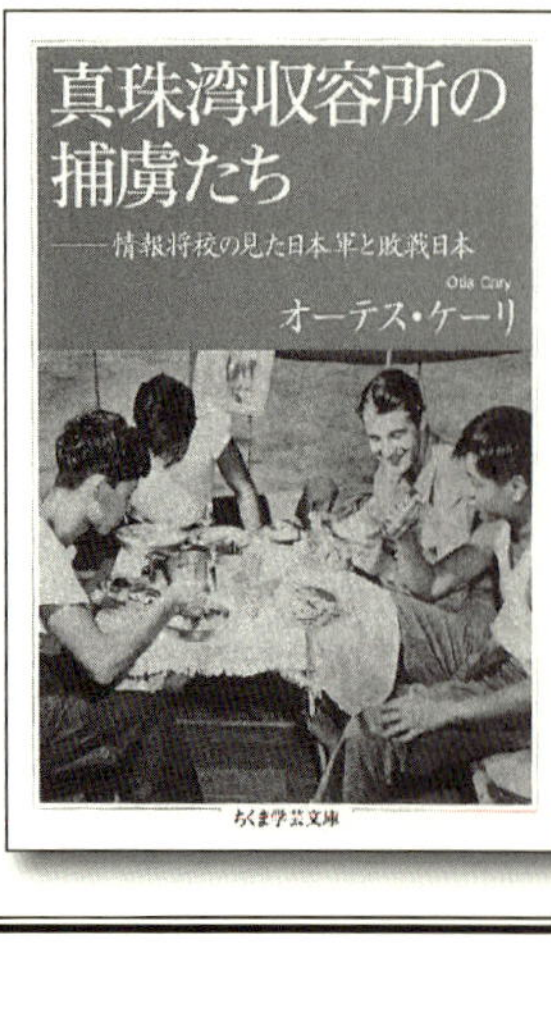

オーテス・ケーリ（著）
ちくま学芸文庫

日本語がわかる米国軍人としてアッツ島、サイパンへ

オーテス・ケーリは、祖父の代から日本に来た宣教師の子どもとして北海道の小樽に生まれ、14歳のときに米国に帰国するまで、日本の小・中学校に通い、長じて米国海軍の情報将校になった。

彼は1943年にアッツ島での戦闘に加わり、日本軍の兵舎や死体から集められた書類や、兵隊が残した日記や手紙などを読む任務についた。そこでわかったことは、自身が生まれた地である小樽からやってきた日本兵が多かったことだ。彼は「自分の生まれ故郷から繰り出されてくる人間と戦争をしているという意識がつきまとった」と述べている。

アッツ島で捕虜になった日本兵と面接し、日本軍は野戦病院にいる歩ける患者全員を戦線に送り出し、歩けない者は銃殺したことを知る。「私はこの話を聞いて胸がむかむかした。私が日本で受けた教育は、そういうことにまで発展するような内容を持っていた」と感じ、予想はしていたものの不快さを感じた。

サイパンでは、サイパンの民衆を積極的に救い出し、日本の軍人も救い出すために積極

的な「心理戦」を試みる。空からまくためのビラをつくってもらおうとしたものの、日本人の捕虜にはつくってもらえず、朝鮮人の捕虜につくってもらった。

その後、戦闘らしい戦闘もなくなり、岩窟の中に隠れている兵隊や民間人を救い出すという仕事が始まった。民間人だけが隠れているところでは成功したものの、日本兵がいるところではうまくいかなかった。日本兵がおどかすからだ。

捕虜に見る日本人の資質とは？

捕虜の中には、サイパンのさとうきび畑で暴れまわって、取り押さえられた曹長がいた。彼は、収容所の中で脱走計画を他の捕虜に語って歩き、他の捕虜を吊し上げ、自らの愛国心を誇示してみせた。しかしそんな無体なことをやっても、米国は捕虜に、国際的な正しい取り扱い方に則り対応することを知っていた。一方で、その曹長は、米兵と接するときには卑屈になり、タバコなどにありつこうとした。彼は内と外を巧妙に使い分けていた。

「悲しいことに、私が経験した日本捕虜の世界では、これが大きく貫く一つの性格だった。勿論、個々の人間をさげすんだり、憎む気にはなれなかった。私が憎悪するのは、彼らをこんなふうに仕上げた軍国日本の教育であり、戦争強行者の群だった。今度の戦争の悲劇は、戦場で無駄に流された多くの血潮ばかりではなく、醜悪な盆栽のような人間を大量に鋳出し、われわれの目をそむけさせるような、偽人間の乱舞を演じさせたことだ」とケーリは日本人を評している。

下にはいばり、上には卑屈になる。いまの日本人にも多くの頻度で見られるような資質が、戦時中の日本人にもあった。

サイパンで多数の日本兵捕虜が出たため、ハワイに大きな捕虜収容所が建設された。ケーリは、その内務長を担当することになった。彼は日本兵に対し、日本語で声をかけ、気持ちをほぐそうとしていく。

ジュネーブ条約では捕虜の扱いの際に軍隊の階級を認めているものの、ケーリ自身は日本兵の階級意識をつぶそうとする。捕虜の管理単位である「柵」の責任者に、下っ端の兵隊を当てることにした。軍隊で苦しんでいるため、人情の機微もわかり、軍人ぶらない。リーダーとしては適切だった。

彼は日本兵に、べらんめえ調の日本語で接し、驚かせた。

当時米国では、日本語がまともに話せるアメリカ人は、ほとんどいなかった。捕虜と接するために促成された人の日本語は、あまりにもひどかった。

しかし日本人捕虜は、捕虜になっても「生きて虜囚《りょしゅう》の辱《はずかしめ》を受けず」の意識を捨てられず、捕虜の間では日本民族の優越さを誇示し、ケーリに対して偽名を名乗る者もいた。

そんななかで、彼は日本の捕虜に対しては人間味をもって接し、信頼関係を築いていった。これまでは、まともな人間として見られていなかった。そうやって、戦争を終結させるために、積極的に情報を取っていった。「私の考えでは、日本人は抑えられることには慣れている。だから抑えられながら、表面抑えられたと見せて逃げ廻る術を心得ている。抑えないで人間扱いすると勝手が違うので、ある意味では陸に上がった河童のように抵抗力を失う。逆説的に言うと、殴られた方が精神的には楽だったかもしれない」と分析する。

捕虜には、なにもかも話したから殺してくれという者、アメリカで生活できないかという者の2つのタイプがあった。その背景には、捕虜は恥だという考えがあった。そこをどう変えていくかが、つねに課題だった。

戦後日本で教員となり、日本のために尽力する

捕虜となった日本兵の中には、日本が負けると考え、その日に備えて勉強している者もいた。その人たちは、戦争に負けることで日本が大きな外科手術をされると考えていた。英語や歴史、政治を捕虜が捕虜に教え、自由討論をした。自分自身で考えさせるようにすることを、彼はサポートした。

ナチス・ドイツの終焉や、硫黄島の陥落、東京大空襲などが、英語の新聞で報じられるようになり、捕虜にも伝わる。

戦争が終わるのが近づくと、ケーリはこれまで勉強してきた「心ある」捕虜が、日本占領後にプラスになってほしいと考えるようになる。そのために、特別な作業班をつくり、人選を考えた。

終戦が近くなると、空から日本にまくための投降を勧める新聞形式のビラ「マリヤナ時報」を彼らとつくり、「ポツダム宣言」の和訳を掲載した。

終戦後、ケーリは日本に行く。捕虜になった日本兵は、帰還はしても厳しい扱いを受けるのではと疑問を持っていたからだ。最後まで救おうと彼は心に決めた。

元捕虜たちがあたたかく迎えられ、いたわられるためにはどうすればいいか、そのために「地獄島」「俘虜の心理」などのパンフレットをまとめた。

ケーリは米国に帰り、アマースト大学に行き、自らの学問を深めるが、日本に帰った元捕虜たちとの親交は続いており、日本に戻った際に再会する。

同志社大学の教員になったケーリは、教員のかたわら学生寮アーモスト館の館長を務め、退職するまでの45年間、日本人学生を指導し続けた。

彼は日本語のわかる米国人として、日本兵に触れ、その特性を本作品によく記している。もともと幼いころから日本人に触れる経験をしてきたケーリは、その特性についてよく考え、捕虜と接していた時代も、日本にやってきてからも深く理解し、それにそって行動している。しかし、彼が変えようとした日本人のありようは、いまなお変わろうとしない部分もあるのかもしれない。

捕虜・その他 ②

孤島戦記
若き軍医中尉のグアム島の戦い

激戦地で、生きるか死ぬかをつねに問われるような状況であっても、人間としての誇りを捨てないことは可能なのか。統率が失われた持久戦の中で生き延びた著者による壮絶な記録。

吉田重紀（著）
光人社NF文庫

玉砕の島、グアムでの生きるための凄絶な戦い

グアム島での戦いは、「太平洋での防波堤」とされ、2万1000人もの守備隊が置かれたが、生還者わずか1304名と伝わる。生き残ることが困難な激戦地で、人間であることを忘れず、誇りを捨てることなく生きることはできるのか、ということが本書をつらぬく問いである。著者は日本医科大学を卒業したのち、軍医としてグアム島での戦場を生き抜いている。復員後は母校の附属病院の産婦人科医局に入局し、のちに病院を開業した。

当時、軍医が足りなくなりつつあり、医学部や医学専門学校の学生たちは卒業を繰り上げることになっていった。しかも、建前は軍医を志願することになっていたものの、半強制的なものだった。

グアムに着いた吉田は、戦局が悪化している中、米軍はグアムやサイパンを足がかりにして日本本土を攻めようとしていたことを知る。日本軍は各地に配備され、米軍を待った。空襲が続き、米軍も上陸作戦を展開する。多くの軍人が戦死する中、吉田たちはジャングルの中に逃げる。その中で決戦思想を捨て、玉砕せず生き残り、米軍戦力を消耗させる

べく、持久戦を行うことになった。

指揮官もおらず、統率もなくなったグアム島でジャングルの中を彷徨う日々が続いた。「自決する兵を気の毒だと思うものはいなかった」「生きるための凄絶な戦いが無言のうちにくりひろげられているのだ」と吉田は振り返る。

そのころ、投降を呼びかける米軍の声が聴こえるようになる。軍隊の階級は意味をなさなくなり、逃げ延びる者同士が人間と人間の関係になっていった。そこでは、食料の有無が上下関係の基準になる。

イカダでグアム島を脱出しようとしたものの失敗。米軍の投降勧告を信用しない中、兵隊たちと行動をともにしていた従軍慰安婦は「捕虜にはなりたくない」「靖国神社に行きたい」と死ぬことを志願した。吉田はモルヒネを投与し、別の軍医が頸動脈を締めた。

硫黄島の陥落や沖縄での激戦を知り、ついに米軍に投降した。

生きることはほぼ不可能な中で、人間としての誠実さを著者は失おうとはしていない。しかし、それができる人は、日本軍の中にも少なかったのだ。

捕虜・その他③

たった一人の30年戦争

陸軍中野学校二俣分校での教育により、玉砕しないことを使命として30年間密林の中で生き続けた小野田寛郎。「大日本帝国」がなくなってもその任務を果たそうとしていた小野田は、どんな戦いを行ったのか。

小野田寛郎（著）
東京新聞出版局

軍人として受けた教育を忠実に果たし続けた30年

太平洋戦争が終わっても、戦争の終結を知らず、あるいは知ってからもなおも戦争を続けていた人たちがいる。小野田寛郎は、その一人だ。

和歌山県に生まれた小野田は、海南中学校を卒業後、商社に入社し、中国貿易の仕事をする中で、中国語を身につけた。二等兵で入隊したのち、福岡県の久留米にある第一予備士官学校に入校する。玉砕戦法の猛訓練を受け、死ぬことを覚悟していたころ、陸軍中野学校二俣分校への入校を命じられた。

二俣分校では、諜報や謀略、宣伝、防諜などの訓練を受けた。入校前は「死ぬこと」を教育されていたが、入校後は一転「天皇のために死なず」という教育を受けた。捕虜になって敵に偽情報をつかませるための「偽装投降」さえ教えられた。

退校（軍歴を残さないため「卒業」とはしない）後、フィリピンへ。ルバング島の遊撃戦を指導することを命じられた。彼は「玉砕は一切まかりならぬ。3年でも、5年でもがんばれ。必ず迎えに行く」と師団長にいわれた。

ルバング島に米軍が上陸すると、日本軍はひとたまりもなかった。二股分校卒業生としての任務を誰にも打ち明けず、ジャングルの中で遊撃戦を行うことになった。戦争が終わって、投降を呼びかけるビラがまかれても、彼は文章がおかしいことを理由に「謀略だ」と判断した。そのころ、小野田を含め4名で逃亡生活を続けていた。その中で小野田は、「残置諜者」としての任務を果たそうとしていたのだ。戦死者が出たことで、厚生省引揚援護局が救出に乗り出した。父の言葉が掲載されたビラを受け取った。捜索隊が置いていく新聞や、ラジオを改造した短波ラジオで、日本の様子をある程度知っていた。

最後はたった一人になった。救出の呼びかけを「謀略」だとして信じなかった小野田のところに、日本の青年がやってくる。1974年、小野田は上官の命令があれば任務を離れることを伝え、実際に上官から任務解除・帰国命令が下された。そこで小野田にとっての戦争は終結し、同年3月12日に帰国を果たした。

小野田は命じられたままにジャングルで30年間戦いを続けた、忠実な日本軍人だった。彼は帰国後、ほどなくしてブラジルに移住するが、彼の生き方は、多くの日本人に戦時中の教育と訓練で人はここまでなれるのかという驚きを与え続けている。

捕虜・その他④

南の島に雪が降る

たとえ戦地であっても、人間としての喜怒哀楽を忘れない。軍隊内で演芸部隊をつくった著者たちは、一日も休むことなく公演を続け、兵士たちから大歓迎を受けた。雪のシーンでは、東北出身の兵士たちが泣いた。

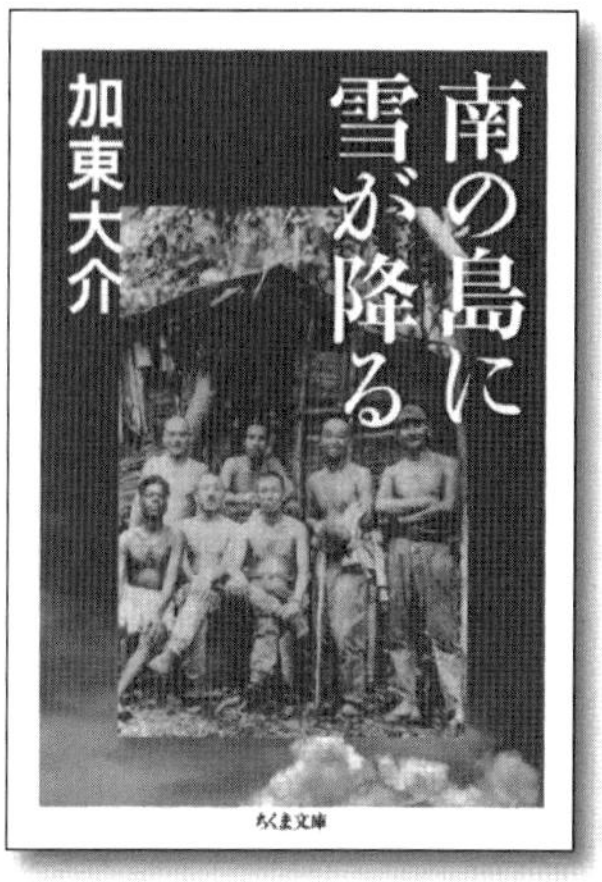

加東大介（著）
ちくま文庫

死の淵をさまよう兵士たちを救った芝居

『南の島に雪が降る』は、戦前に前進座の俳優・市川莚司《えんじ》として活躍していた加東大介が、1943年に陸軍衛生兵としてニューギニアに赴き、その際の慰問のための劇団づくりの体験をまとめたものである。のちにテレビドラマ化、1961年には加東自身が主演となり映画化されている。

加東が兵員名簿を見ていると、長唄師匠（三味線弾き）やスペイン舞踊の講師、演劇評論家といった人たちが名前を連ねていることに気づく。赴任先が西部ニューギニアのマノクワリと聞くと、みんなで演芸でもやりましょうという声が上がった。

ある日、加東は司令部から演芸会をやることを命じられた。お先真っ暗な日々の中、せめて変わった気晴らしさえあればということだった。いらだった気持ちを和らげて、仲良く暮らしていけるために、という意図を持っていた。公演は成功し、独立した演芸分隊をつくることになった。

演芸分隊隊員が募集され、100人近い受験生が集まった。合格者が決まり、公演をやると舞台に立つ女形に歓声が集まった。必要な人材には、「転属命令」を出させて、分隊に参加させた。

稽古も本格化し、徴兵前はプロの脚本家や役者だった人も集まってくる。1945年4月29日、天長節（当時の天皇誕生日）に発電機も備えつけられた「マノクワリ歌舞伎座」が開場した。日本の情景を工夫して描いた芝居は、多くの観客を勇気づけた。この日以来、1日も休むことなく公演は続けられた。

1カ月毎日やることで、マノクワリじゅうの将兵に公演を見せることができる。演目も増やし、舞台美術も充実させた。大尉は、「きみたちは演芸をやっているだけじゃないんだぜ。ここの全将兵に生きるハリを与えているんだからね」とはげました。

雪のシーンが登場する演目では、純白のパラシュートや脱脂綿、紙を使用した。それを見た東北出身の部隊は、肩をふるわせ、泣いていた。翌日の朝、歩けないその兵士に舞台の雪を見せた。戦争が終わったあとも、復員まで演芸は続いた。

戦場にあってなお人間としての喜怒哀楽を忘れず、希望を与え続けたことで傷病兵を含む多くの兵士たちが救われたのだ。

捕虜・その他⑤

戦場に散った野球人たち

若くして戦争に行き、亡くなった野球選手たちはどんな野球人生と戦争体験を送っていたか。戦死したプロ野球選手の霊をなぐさめる「鎮魂の碑」に記された人物を中心に、野球選手と戦争について記す。

早坂 隆（著）
文藝春秋

沢村栄治をはじめ、若くして戦没した野球人たちを追う

太平洋戦争では、多くの野球人もまた、兵士として戦争に行った。戦争に行き、再び野球場の土を踏むことのなかったプロ野球選手の霊をなぐさめる「鎮魂の碑」が、東京ドーム脇にある。「第二次世界大戦に出陣し、プロ野球の未来に永遠の夢を託しつつ、戦塵に散華した選手諸君の霊を慰めるため、われら有志あいはかりてこれを建つ」とそこには記され、69名の選手が祀られている。

太平洋戦争では野球の母国・アメリカを敵に回すことになり、「敵性スポーツ」として扱われるようになった。野球用語も、日本語にいいかえられた。

日本初のプロ野球団「大日本東京野球倶楽部」に参加した新富《しんとみ》卯《う》三郎《さぶろう》は、米国での日米野球にも参加した。このチームが巨人軍になったあと選手として活躍。徴兵後、阪急に入団。再び徴兵され、ビルマでの戦いに参加したものの、地雷を踏んで戦死した。

野球の名門・松山商業で活躍した景浦将《まさる》（漫画『あぶさん』の景浦安武のモデルといわれている）は、甲子園に出場後立教大学に進学し、中退して大阪タイガース（現・阪神タ

イガース）に入団した。満州に応召後、球界に復帰した景浦は、以前ほどの活躍は見せられなかった。オフシーズンには「職業野球関西報国団」で飛行機をつくった。満州に召集されたのち、フィリピン戦線で戦死した。

東京巨人軍のエース・沢村栄治は、京都商業を中退して巨人軍に入団した。日米野球で快投した沢村は、徴兵検査で甲種合格になった。中等教育中退の沢村は、ほかの野球選手のように私立大学の夜間部などに籍をおいて徴兵を逃れることができない。軍としても宣伝材料になった。中国戦線で負傷し、巨人に復帰したあとは球威が戻らなかった。再度応召されたあと、球界に復帰したものの野球選手としてはダメになっていた。関西に移住し、勤め先の工場で景浦と出会う。巨人から正式に馘首され、三度目の応召でフィリピンへ向かう途中、米潜水艦の魚雷攻撃で死去した。

ほかにも同書では、吉原正喜、林安夫、石丸進一が取り上げられている。そして、「鎮魂の碑」には名前が載らなかったものの和歌山県の海草中学のエースとして甲子園を沸かせ、明大野球部在籍中に学徒出陣し戦死した「伝説の大投手」嶋清一も登場している。

捕虜・その他⑥

証言記録 兵士たちの戦争

NHKが総力をあげて収集した戦争の記録は、全7巻の書籍となってまとめられている。語りたくないはずの戦争の記録を語り、いまの時代に「戦争の現場とはなにか」を問いかけている。

NHK
「戦争証言」プロジェクト（著）
NHK出版

丹念にひろい集めた一兵士としての証言の数々

ＮＨＫでは、２００７年から「証言記録　兵士たちの戦争」を放送し続け、兵士たちが戦地でどのようにすごしてきたかを伝え続けている。本書は、その映像記録を書籍化したものである。映像は、「ＮＨＫ戦争証言アーカイブス」にまとめられている。

本企画の制作に携わったＮＨＫ制作局の伊藤順によると、「戦場の体験の中にはいまだ口にできないことも多く、共に戦った戦友の名誉を貶めることになりかねないという懸念から、取材に応じていただけない方がいました」という。語りたくもないような、口を閉ざしたい記憶が、戦争の中にはあったということだ。

また、「ごく少数の方々が、葛藤を乗り越えある種の覚悟を持って証言してくださったわけです。長い沈黙を破り、カメラを前に初めて語られる戦場の現実――言葉の重みに打たれるとともに、私が感じたのは、こうした証言をしてくださる方がこの国に誰一人いなくなってしまう日がやがては来る、ということでした」と述べている。

時が経てば、いずれは兵士を経験した人もいなくなり、戦争というものも語られなくなってくる。しかし、戦争の記録は必ずしも公開されているわけではなく、あるものは戦争直後に焼却され、あるものは非公開措置になっている。その空白を、このシリーズは埋めている。

一方、つい最近まで戦争の「現実」ということを語ることも難しかった。本書の解説を書いている吉田裕・一橋大学教授によると、戦友会が全国的に解散・休会し、戦地の現実を語ることを抑止していたものが除去されたという状態にあるという。

本書で登場する戦場では、見捨てられたり、持久戦を行ったり、補給がなかったりという話が、よく描かれている。

第4巻「インパール作戦　補給なき戦いに散った若者たち」では、京都府・陸軍第15師団がインパール作戦に参加したときの様子が描かれている。

陸軍内でも成功しないのではないかとされたこの作戦を、牟田口廉也中将がその声を退け、実行させた。作戦が進行するにつれ、補給がなくなった。「もう自分で探した食料しかありゃしません」と参加した辻勉さんはいう。草を食べた兵士もいる。「食料は現地調達せよ」という命令があり、現地人からの略奪も行った。後退すれば損害は少ないのに、上層部からは「死守せよ」という指示しかこない。「勝手に死んでこいと言っているようなもんですわな」と赤松一朗さんはいう。撤退が開始されるも、豪雨の中で伝染病が蔓延する。その道は「白骨街道」と呼ばれるようになった。

監修者略歴

戸高一成（とだか・かずしげ）

呉市海事歴史科学館（大和ミュージアム）館長。1948年、宮崎県生まれ。多摩美術大学卒業。財団法人史料調査会主任司書、同財団理事、厚生労働省所管「昭和館」図書情報部長を歴任。
著書に『戦艦大和復元プロジェクト』『［証言録］海軍反省会』『聞き書き・日本海軍史』『海戦からみた太平洋戦争』など。
編・監訳に『戦艦大和・武蔵 設計と建造』『秋山真之戦術論集』『マハン海軍戦略』。共著に『日本海軍史』『日本陸海軍事典』『日本海軍はなぜ誤ったか』など。

【大活字版】

「戦記《せんき》」で読《よ》み解《と》くあの戦争《せんそう》の真実《しんじつ》

日本人《にほんじん》が忘《わす》れてはいけない太平洋戦争《たいへいようせんそう》の記録《きろく》

2019年 2月15日 初版第1刷発行

監修者：戸高一成

発行者：小川 淳

発行所：SBクリエイティブ株式会社
〒106-0032 東京都港区六本木 2-4-5
電話：03-5549-1201（営業部）

装 幀：ブックウォール

執筆協力：常井宏平（1章～6章）、古川琢也（7章）、小林拓矢（8章・9章）

編集担当：依田弘作

組 版：米山雄基

印刷・製本：大日本印刷株式会社

本書は以下の書籍の同一内容、大活字版です
SB新書「「戦記」で読み解くあの戦争の真実」

ISBN 978-4-7973-9965-3